EL CENTINELA

Dominando el Antiguo Diseño de la Intercesión

DR. JOHNATHAN STIDHAM

Kingdom Publications
kingdompublications.com

El Centinela: Dominando el Antiguo Diseño de la Intercesión

Publicado por Kingdom Publications
kingdompublications.com

ISBN: 979-8-9957753-1-7

Primera Edición

Impreso en los Estados Unidos de América

Tabla de Contenidos

Introducción

Respondiendo al Llamado del Antiguo Guardián

Algo ha estado moviéndose en ti. Lo has sentido por un tiempo. Tal vez aparezca a las dos de la mañana cuando no puedes dormir y tu corazón está pesado con una carga que no pediste. Tal vez sea ese sentido agudo en tu espíritu cuando algo está mal en tu iglesia antes de que nadie más tenga idea. Tal vez sea la forma en que no puedes pasar por una situación rota sin sentir el impulso de orar. Eso no es solo personalidad. Eso no es solo sensibilidad. Eso es un llamado.

Dios está levantando una generación de centinelas en esta hora. No oradores casuales. No personas que cierren sus manos el domingo y lo olviden el lunes. Está buscando hombres y mujeres que se paren en la brecha entre el cielo y la tierra y se rehúsen a moverse hasta que las cosas cambien. El profeta Ezequiel registra las propias palabras de Dios en el capítulo 22, versículo 30: "Busqué entre ellos un hombre que hiciera una pared y se pusiera en la brecha delante de mí a favor de la tierra, para que yo no la destruyese. Y no lo hallé."

Ese versículo no es solo historia. Es una advertencia para ahora mismo.

Estamos más cerca del regreso de Cristo que nunca, y el enemigo lo sabe. Está trabajando a toda máquina para mantener a los creyentes distraídos, desalentados y desconectados del lugar de oración. Lo peligroso no es solo que las personas no estén orando. Lo peligroso es que muchas personas que se sienten llamadas a la intercesión no comprenden completamente lo que están llamadas a hacer. Oran con fuerza. Oran a menudo. Pero sin conocer el peso del oficio que llevan, pueden pasar años clamando sin jamás entrar en la autoridad completa que Dios diseñó para ellos.

Eso cambia aquí mismo.

En estas páginas, voy a enseñarte qué significa realmente ser una centinela de oración. Voy a compartir contigo los términos bíblicos antiguos para el oficio de guardianía que Dios ha plantado en tu espíritu. Voy a mostrarte exactamente cómo funcionan los centinelas espirituales y cómo acercarse a tu oficio con una nueva gravedad, claridad y autoridad.

Pero primero, necesitas saber por qué esto importa ahora.

Si eres alguien que siente el llamado a la intercesión, entonces eres alguien para quien Dios tiene un propósito específico en este momento específico. Eres alguien a quien Dios ha puesto estratégicamente en un lugar específico en la tierra con una vista específica de su reino. Eres parte de un plan antiguo que se remonta a los días en que Dios primero estableció el oficio del centinela espiritual.

Eres alguien que Dios ha seleccionado deliberadamente para estar de pie donde estás y ver lo que ves, para que puedas ayudar a cambiar el curso de la historia mediante tu oración.

Eso no es hipérbole. Eso es hecho bíblico.

La oración intercesora es una de las armas más poderosas contra las fuerzas de la oscuridad y, sin embargo, sigue siendo una de las menos comprendidas, menos practicadas y menos valoradas en la iglesia moderna. Hemos reducido la oración a un ritual, a una disciplina, a un deber. Hemos olvidado que la oración es un acto de poder espiritual. Es una invocación de la voluntad de Dios en la tierra. Es un decreto del cielo que trae cambio tangible a las circunstancias humanas.

Cuando oras con propósito y autoridad, cosas cambian.

Dios te está llamando no solo a orar, sino a convertirte en una centinela del cielo en la tierra. Te está llamando a asumir una posición de guardianía espiritual que ha estado perdida en gran medida en la iglesia moderna. Te está llamando a ser parte de una restauración de algo antiguo, algo poderoso, algo que el cielo mismo necesita en este momento crucial.

La pregunta es: ¿Responderás?

Si has sentido ese llamado, si has sentido ese peso, si has sentido ese impulso de orar cuando otros simplemente descansan, entonces este libro es para ti. Estas páginas cambiarán tu comprensión de lo que significa ser una centinela espiritual. Y más que eso, te equiparán con el conocimiento y la autoridad para asumir plenamente el oficio que Dios ha colocado en tu corazón.

Lo que Dominarás en Estas Páginas

No voy a darte un libro más sobre cómo tener un tiempo de oración consistente. No voy a decirte que cinco minutos de oración por la mañana cambiarán tu día. Y no voy a darte la típica lista de pasos para una vida de oración más eficaz.

Lo que sí voy a hacer es revelar los misterios ocultos en la Palabra de Dios sobre lo que significa verdaderamente estar llamado a la intercesión.

Primero, voy a mostrarte los términos bíblicos antiguos que definen el oficio del centinela espiritual. Estos no son conceptos de autoayuda o técnicas de vida espiritual modernas. Son palabras hebraicas con profundidad histórica y peso espiritual que han desaparecido del diálogo cristiano moderno. Cuando las recuperes, tu comprensión de la oración intercesora se transformará.

Segundo, voy a enseñarte exactamente quién es un centinela. Un centinela no es simplemente alguien que reza. Un centinela es alguien que se interpone en la brecha, alguien que mantiene la pared, alguien que ve lo que otros no ven y actúa en consecuencia. Un centinela tiene un oficio específico con responsabilidades específicas. Y tú necesitas entender esas responsabilidades si vamos a llevar esto al siguiente nivel.

Tercero, voy a darte una hoja de ruta práctica de la Biblia. No será una hoja de ruta que yo haya inventado. Será una que Dios mismo grabó en la historia de Nehemías, un hombre que fue exactamente esto: un centinela que pasó de ver la necesidad a ejecutar el cambio. Seguiremos los pasos que Nehemías tomó, y tú verás exactamente cómo puedes aplicar ese patrón antiguo a tu propia vida de intercesión hoy.

Cuarto, voy a darte el lenguaje de la autoridad. La Biblia está llena de términos bíblicos antiguos que dan nombre a los actos específicos que un centinela ejecuta. Palabras como *Barak* (bendición), *Yada* (adoración), *Todah* (acción de gracias), *Shabach* (celebración ruidosa), *Halal* (alabanza jubilosa), *Zamar* (cantar), y *Tehillah* (himno). Estos no son simplemente tipos de oración. Son armas específicas de autoridad espiritual. Cuando comprendas cómo funcionan juntas, tu oración pasará de personal a profética. Tu oración dejará de ser solo para ti. Tu oración comenzará a cambiar tu ciudad, tu nación, tu generación.

Y quinto, voy a darte la visión más amplia de por qué todo esto importa en este momento. No es suficiente que entiendas qué hacer. Necesitas saber por qué. Necesitas sentir la urgencia de la hora. Necesitas comprender que estamos en un tiempo de transición espiritual sin precedentes en la historia de la humanidad. Y tú, como centinela, eres necesario ahora.

Este no es un libro sobre cómo ser mejor en la vida espiritual. Este es un libro sobre cómo asumir un oficio. Un oficio que Dios ha reservado específicamente para aquellos que han sido llamados a estar de pie en la brecha.

Si eso eres tú, entonces lee cada página con oración. Subraya las palabras que resuenen con tu espíritu. Toma apuntes. Medita en lo que Dios te está mostrando. Porque lo que estoy compartiendo aquí no es solo información. Es una transferencia de unción.

La Hoja de Ruta hacia la Autoridad Espiritual

No vamos a meternos en todo esto sin saber exactamente dónde vamos. Así que déjame darte un mapa rápido de lo que viene.

En el Capítulo Uno (es decir, este), estoy trazando la urgencia del llamado. Estoy estableciendo por qué en este momento crítico de la historia humana y de la iglesia, Dios está buscando hombres y mujeres que se paren en la brecha. Estoy diciendo aquí que eres parte de un plan que es antiguo, poderoso y completamente necesario en este momento.

En el Capítulo Dos, vamos a mirar los términos hebreos antiguos que definen lo que significa ser un centinela. Veremos dos palabras clave: *Shamar*, que significa vigilancia activa, custodia y protección, y *Tsaphah*, que significa la perspectiva de la torre de vigilancia, la previsión y la revelación. Estos dos términos juntos comprenden el oficio completo de un centinela de oración. Cuando entiendas estos dos términos, comprenderás la dualidad de tu llamado.

En el Capítulo Tres, vamos a desbloquear la hoja de ruta práctica que Nehemías dejó para nosotros. Nehemías fue un hombre que fue llamado a ser centinela de su ciudad durante un tiempo de colapso espiritual. Fue su tarea restaurar las puertas y los muros de Jerusalén. Pero la verdadera historia, la historia espiritual, fue cómo fue de oración a acción, de visión a ejecución. Vamos a seguir sus pasos uno por uno, y verás cómo se aplica perfecto a tu propia vida hoy.

En el Capítulo Cuatro, vamos a explorar los siete actos bíblicos de autoridad espiritual. Estos son las palabras hebraicas específicas para los tipos específicos de oración que un centinela ejecuta. *Barak. Yada. Todah. Shabach. Halal. Zamar. Tehillah.* Cada uno es una arma específica. Cada uno tiene un propósito específico. Juntos, comprenden el arsenal completo del poder de la oración.

En el Capítulo Cinco, vamos a hablar del corazón de la intercesión. Veremos qué significa verdaderamente pedir, qué significa persistencia en la oración, y cómo la oración intercesora es fundamentalmente diferente de otras formas de oración. Hablaremos de cómo obtener respuestas a las oraciones que importan.

En el Capítulo Seis, vamos a hablar de los enemigos de la oración. Porque si el cielo necesita centinelas, entonces el infierno hará todo lo posible para sabotearlos. Veremos las fuerzas específicas que funcionan contra la oración intercesora y cómo luchar contra ellas.

En el Capítulo Siete, vamos a ver a hombres y mujeres de las Escrituras que fueron centinelas. Veremos a Moisés, a Elías, a Sansón, a David, a Ester y a otros. Sus historias modelarán para ti exactamente cómo se ve la centinela en la práctica.

Y en el Capítulo Ocho, vamos a traer todo esto a casa. Vamos a hablar de tu siguiente paso. Vamos a hablar de cómo llevar lo que has aprendido aquí y vivir como una centinela real, en tu iglesia, en tu ciudad, en tu nación, en tu generación.

Este es el viaje. Este es el mapa. Ahora vamos.

Introducción

Activación y Reflexión

---

1. ¿Qué primer movimiento tu corazón hacia la intercesión? Describe el momento o la estación en que Dios comenzó a despertar al centinela dentro de ti.

____

____

____

____

2. ¿Qué territorios específicos — familia, iglesia, comunidad, lugar de trabajo — crees que Dios te ha asignado guardar a través de la oración?

____

____

____

____

3. ¿Cuál ha sido tu mayor obstáculo para mantener una vida de oración consistente y guiada por el Espíritu?

____

____

____

____

4. ¿Cómo sientes que Dios te invita a crecer como centinela a través de este libro?

____

____

____

____

5. Escribe una breve declaración comprometiéndote a tu puesto. ¿Qué estás dispuesto a abandonar para responder completamente este llamado?

____

____

____

____

Introducción

La Consagración de una Centinela

Padre, respondo tu antiguo llamado hoy. Me consagro como centinela en el muro, entregando mis ojos, oídos y voz a tus propósitos. Abre mis sentidos espirituales y enséñame los planos de intercesión que mueven el cielo y sacuden la tierra. Tomo mi puesto. No estaré en silencio. Úsame, Señor, para tu gloria. En el nombre de Jesús, Amén.

El Doble Mandato: Shamar y Tsaphah

Definiendo al Centinela Hebreo

Para verdaderamente entender lo que significa ser una centinela de oración, necesitamos regresar a la fuente. Necesitamos mirar a lo que la Biblia misma dice sobre el oficio del centinela. Y para hacer eso, necesitamos ir a la lengua original de muchas partes de la Biblia: el hebreo.

El hebreo es un lenguaje extraordinario. No es solo un lenguaje antiguo que sucede que fue hablado en Judea hace miles de años. Es un lenguaje donde cada palabra está cargada de significado, donde cada raíz convierte lo abstracto en tangible. Cuando traduces la Biblia del hebreo al inglés, pierdes algo. Pierdes la densidad. Pierdes la riqueza. Pierdes capa tras capa de significado que estaba contenido en una sola palabra.

Esto es especialmente verdadero cuando se trata de las palabras que definen el oficio de centinela espiritual.

La palabra hebrea para centinela es *Shamar*. (Pronuncia como shah-MAR). Aparece más de cien veces en el Antiguo Testamento. Y cada vez que aparece, nos dice algo diferente pero complementario sobre lo que significa tener una posición de guardianía.

La definición más básica de *Shamar* es simplemente "vigilancia". Significa mantener la guardia. Significa estar en guardia. Significa estar atento a lo que está sucediendo alrededor tuyo.

Pero la palabra es mucho más rica que eso. *Shamar* también significa custodia. Significa que eres responsable de proteger y cuidar algo específico. Un centinela no es simplemente alguien que mira. Un centinela es alguien que es responsable del bienestar de lo que está vigilando.

Cuando lees *Shamar* a lo largo del Antiguo Testamento, verás que la palabra se aplica a los guardias que se colocan en las puertas de la ciudad. Se aplica a los sacerdotes cuyo trabajo es mantener la santidad del templo. Se aplica a los padres cuyo trabajo es criar a sus hijos en el camino que deben ir. Se aplica a los administradores cuyo trabajo es manejar los bienes que les han sido confiados.

En cada caso, la idea es la misma: alguien colocado en posición de autoridad que es responsable de vigilar, proteger y cuidar.

Esta es la imagen del centinela en las Escrituras. No es alguien pasivamente meditando en la Palabra de Dios. Un centinela es alguien activamente comprometido en vigilancia espiritual, alguien que se interpone en la brecha, alguien que se niega a permitir que los muros caigan en su tiempo.

Ahora, hay una complicación. Hay otra palabra hebrea para centinela que aparece con casi la misma frecuencia que *Shamar*. Y esa palabra es *Tsaphah* (pronuncia como tsah-FAH). Ahora, aquí es donde las cosas se ponen interesantes.

Tsaphah significa algo diferente a *Shamar*. Mientras que *Shamar* enfatiza la idea de vigilancia activa, custodia y responsabilidad, *Tsaphah* enfatiza la idea de perspectiva. *Tsaphah* significa espiar, ver desde una posición más elevada, ver desde una torre de vigilancia. Cuando usas la palabra *Tsaphah*, estás hablando de alguien cuyo trabajo es ver las cosas que otros no pueden ver porque tiene una perspectiva elevada.

Entonces tienes estas dos palabras vibrando juntas en el corazón de lo que significa ser una centinela. *Shamar*: vigilancia activa, custodia, protección, responsabilidad. *Tsaphah*: perspectiva elevada, previsión, capacidad de ver las cosas que otros no pueden ver.

Juntas, estas palabras revelan lo que realmente significa estar llamado a ser una centinela de oración.

Significa que has sido colocado en una posición donde puedes ver cosas que otros no pueden ver. Significa que tienes una perspectiva peculiar del reino de Dios que la mayoría de los creyentes no tienen. Significa que eres responsable de vigilar, proteger y cuidar. Significa que el peso de lo que ves descansa en tus hombros. Significa que la oración no es un lujo para ti. Es una obligación sagrada.

Esto es lo que significa ser una centinela.

El Génesis de la Guardianía

Así que, ¿de dónde vino esto? ¿De dónde vino la idea de que Dios necesitaba centinelas? ¿Cuándo fue que Dios instituyó el oficio del centinela espiritual?

La respuesta nos lleva a los primeros capítulos del Génesis.

Cuando Dios creó al hombre, le dio a Adán un trabajo específico. En Génesis 2:15, leemos esto: "Tomó, pues, Jehová Dios al hombre, y lo puso en el huerto de Edén, para que lo labrara y lo guardase." Ese verbo: lo guardase. Esa es la palabra *Shamar*. Dios le dio a Adán el trabajo de *Shamar* el Jardín de Edén.

Adán fue colocado en el Jardín con una doble responsabilidad. Primero, tenía que laborar en él, cultivarlo, desarrollarlo. Segundo, tenía que guardarlo, protegerlo, mantener la guardia sobre él.

Ahora, el Jardín de Edén no era solo un lugar bonito. Era el corazón del reino de Dios en la tierra. Era el lugar donde el cielo y la tierra se encontraban. Era donde la voluntad de Dios se ejecutaba perfectamente. Y Dios colocó a un hombre allí con instrucciones: mantén la guardia. Protégelo. Cuida de él.

Pero entonces ocurrió algo. Entonces vino la serpiente.

Y aquí es donde vemos la razón por la cual los centinelas fueron necesarios en primer lugar. La serpiente vino a sabotear. Vino a destruir. Vino a pervertir lo que Dios había hecho. Y Adán, el primer centinela, fue puesto a prueba. ¿Mantendría la guardia? ¿Protegería el Jardín?

Adán falló.

Adán fue persuadido por la serpiente a través de Eva. Comió del árbol prohibido. Rompió la guardia. Y todo lo que Dios había creado fue contaminado por el pecado. La muerte entró en el mundo. La angustia entró en el mundo. La separación de Dios entró en el mundo.

¿Y por qué? Porque el centinela falló en mantener la guardia.

Este fue un momento crucial de la historia. Este fue el momento en que Dios vio la necesidad de levantarse a hombres y mujeres que pudieran estar en la brecha, que pudieran mantener la guardia, que pudieran ser centinelas en la tierra.

A partir de ese momento, a lo largo de toda la Biblia, vemos a hombres y mujeres levantados como centinelas. Vemos a Moisés intercediendo por el pueblo de Israel. Vemos a Samuel orando por la nación. Vemos a Ester ayunando y orando por su pueblo. Vemos a Nehemías en oración sobre el estado roto de Jerusalén.

Cada uno de estos fue un centinela. Cada uno fue colocado en una posición donde podía ver lo que otros no podían ver, y cada uno tuvo la responsabilidad de mantener la guardia en su oración.

Y aquí es donde llegamos a tí.

Eres un heredero de esta tradición. Si has sido llamado a la intercesión, entonces has sido colocado en la línea de una larga serie de hombres y mujeres cuyo trabajo fue mantener la guardia. Eres parte de una continuidad que se extiende desde Adán a través de Moisés, Samuel, los profetas, los apóstoles, y todos los santos que han intercedido a lo largo de los siglos.

Eres un centinela. Y tu trabajo es mantener la guardia.

Tsaphah: La Perspectiva de la Torre de Vigilancia

Ahora, hay un lado de la centinela que aún no hemos explorado realmente. Hemos hablado mucho sobre *Shamar*, la vigilancia activa y la custodia. Pero hemos necesitado apenas rasguñar la superficie de *Tsaphah*, la perspectiva elevada de la torre de vigilancia.

Tsaphah es la capacidad de ver las cosas que otros no pueden ver. Es la perspectiva elevada. Es la intuición espiritual. Es el conocimiento de lo que está pasando en el ámbito espiritual mientras que otros están caminando ciegamente en el ámbito físico.

¿De dónde viene *Tsaphah*? ¿Cómo obtiene un centinela esta capacidad de ver desde una perspectiva elevada?

La respuesta es la oración.

Cuando te colocas en la presencia de Dios en oración, específicamente en la oración intercesora, Dios te da una perspectiva. Dios te permite ver lo que de otro modo permanecería invisible. Dios te levanta espiritualmente a una posición más elevada donde puedes ver los movimientos del enemigo antes de que golpee. Puedes ver las necesidades de tu ciudad antes de que se conviertan en crisis. Puedes ver las corrupciones en tu iglesia antes de que causen un colapso.

Esto es lo que significa *Tsaphah*: ver desde una torre de vigilancia.

Un centinela que practica *Tsaphah* es alguien que está consistentemente en la presencia de Dios, buscando su perspectiva, solicitando su visión, esperando el entendimiento espiritual que solo puede venir del cielo. Un centinela que practica *Tsaphah* es alguien que está constantemente formulando las preguntas: ¿Qué me estás mostrando, Dios? ¿Qué estoy aquí para ver que otros no ven? ¿Cuál es la verdadera situación en el ámbito espiritual?

Y aquí es donde los dos se unen.

Tienes *Shamar*, que es tu responsabilidad de vigilancia. Tienes *Tsaphah*, que es tu perspectiva de lo que está sucediendo. Juntos, te dan el poder para ser un centinela efectivo.

Ves algo en *Tsaphah* (perspectiva elevada), y luego actúas sobre ello en *Shamar* (vigilancia activa, protección). Ves una corrupción en tu iglesia, y te colocas en la brecha. Ves un ataque espiritual contra tu ciudad, y oraciones derribadas. Ves a tu nación siendo arrastrada lejos de Dios, y te interpones tú mismo.

Este es el ciclo del centinela. Ver, luego actuar. *Tsaphah*, luego *Shamar*. Perspectiva, luego protección.

Y esta es la razón por la cual la oración intercesora es tan poderosa. La oración te coloca en la posición de *Tsaphah*. Te levanta a la torre de vigilancia. Te da la perspectiva de Dios. Y una vez que tienes esa perspectiva, puedes actuar en *Shamar* con una autoridad y claridad que ningún creyente ordinario podría tener.

Eres más que un creyente ordinario. Eres un centinela. Y tu oficio es ver lo que el cielo ve y proteger lo que el cielo quiere proteger.

Este es tu mandato dual: *Shamar* y *Tsaphah*. Vigilancia y perspectiva. Protección y previsión. Juntas, estas dos palabras hebraicas te dicen exactamente lo que Dios te ha llamado a ser.

La pregunta es: ¿Vas a vivir a la altura de eso?

Poniéndolo en Práctica

Así que ahora que entiendes los términos, la pregunta es cómo comienza a practicar esto. ¿Cómo comienzas a funcionar como un centinela en tu propia vida? ¿Cuáles son los primeros pasos prácticos?

Primero, necesitas comenzar con la conciencia. Necesitas ser consciente de dónde estás colocado. Necesitas reconocer que no estás donde estás por casualidad. Dios te ha colocado en una posición específica, en una iglesia específica, en una ciudad específica, en una profesión específica. Y en ese lugar específico, Dios tiene una misión de centinela para ti.

Segundo, necesitas comenzar con la práctica de *Tsaphah*. Necesitas consistentemente estar en presencia de Dios preguntando: ¿Qué me estás mostrando? ¿Cuál es la verdadera situación espiritual en la iglesia donde estoy? ¿Cuáles son los ataques espirituales contra mi ciudad? ¿Cuál es la corrupción que necesito ver? No esperes a que alguien te lo diga. Pídele a Dios que te lo muestre.

Tercero, una vez que ves algo en *Tsaphah*, necesitas actuar en *Shamar*. Necesitas colocarte en la brecha. Necesitas comenzar a orar específicamente sobre lo que Dios te ha mostrado. Necesitas convertir lo que ves en peticiones específicas al cielo. No oraciones genéricas. Oraciones específicas, basadas en la perspectiva específica que Dios te ha dado.

Cuarto, necesitas entender que esta no es una práctica de una vez. Esto es un oficio. Esto es una forma de vivir. Necesitas llevar este mentalidad de centinela en tu vida diaria. Necesitas estar constantemente en vigilancia.

Necesitas estar constantemente pidiendo a Dios su perspectiva.

Y quinto, necesitas entender que no estás solo en esto. Hay otros centinelas. Hay otros que han sido llamados para el mismo propósito. Necesitas conectarte con ellos. Necesitas construir comunidad con ellos. Porque cuando los centinelas se unen en oración, el poder se multiplica. Cuando los centinelas ven juntos, la verdad se vuelve más clara. Cuando los centinelas actúan juntos, los cielos se mueven.

El Doble Mandato: Shamar y Tsaphah

Activación y Reflexión

---

1. Con tus propias palabras, ¿cuál es la diferencia entre Shamar (guardar y cuidar) y Tsaphah (vigilar desde una torre)? ¿Cómo se aplica cada uno a tu vida de oración diaria?

____

____

____

____

2. ¿Qué muros específicos — relaciones, ministerios o esferas de influencia — ha Dios asignado que protejas a través de la intercesión Shamar?

____

____

____

____

3. Desde tu posición de vigilancia, ¿qué amenazas espirituales ves actualmente acercándose a tu territorio?

____

____

____

____

4. ¿En qué áreas de tu vida has descuidado tu puesto de centinela? ¿Cuál ha sido la consecuencia?

____

____

____

____

5. ¿Qué cambios prácticos harás esta semana para cumplir tu doble mandato más fielmente?

____

____

____

____

El Doble Mandato: Shamar y Tsaphah

La Oración de la Centinela

Señor, me paro en mi llamado dual hoy. Me comprometo con Shamar — guardando lo que has depositado en mí — y con Tsaphah — vigilando con ojos proféticos lo que se aproxima. Dame discernimiento para distinguir entre amenazas humanas y guerra espiritual. Guardaré mi puesto e informaré a ti fielmente. Fortaléceme para esta asignación sagrada. En el nombre de Jesús, Amén.

La Hoja de Ruta de Intercesión de Nehemías

Reconstruyendo el Patrón del Creyente

Ahora vamos a llevar todo lo que hemos aprendido y vamos a mirar un patrón prácticamente perfecto de cómo funciona un centinela en la práctica. Vamos a mirar un hombre llamado Nehemías.

Nehemías fue un hombre que vivió después del exilio de Babilonia. Jerusalén había sido destruida. Las puertas estaban quemadas. Los muros estaban en ruinas. El pueblo estaba debilitado y avergonzado.

Y en este momento de crisis, Dios colocó a un hombre en una posición de autoridad: Nehemías. Nehemías era un funcionario en la corte del rey Artajerjes. Pero sobre todo, Nehemías era una centinela. Era alguien que veía lo que otros no veían. Era alguien que sentía el peso de lo que su pueblo había perdido.

El libro de Nehemías es sorprendente porque no es un libro sobre lo que sucedió cuando Nehemías fue enviado a reconstruir Jerusalén. Es un libro sobre lo que sucedió cuando Nehemías primero fue hecho consciente del problema.

En los primeros capítulos, Nehemías está en una tierra lejana. Está cómodo. Está en la corte del rey. Pero entonces escucha el informe sobre el estado de Jerusalén. Y su corazón se quiebra. Ayuna. Ora. Se arrepiente no solo por los pecados de su pueblo, sino por su propia falta de acción anteriormente.

Este fue el punto de inflexión. Este fue el momento en que Nehemías pasó de ser un funcionario cómodo a ser una centinela activa.

Y luego, cuando finalmente es enviado a Jerusalén, lo que hace es fascinante. Inspecciona los muros de noche. No le dice a nadie lo que está haciendo. Simplemente mira. Simplemente observa. Simplemente ve el alcance completo del problema.

Este es *Tsaphah* en acción. Nehemías asumiendo la perspectiva elevada. Nehemías buscando ver completamente el problema antes de que hable sobre una solución.

Pero luego, una vez que ha visto, comienza a hablar. Comienza a movilizar al pueblo. Comienza a reparar las puertas y los muros. Este es *Shamar* en acción. Nehemías colocándose en la brecha, tomando responsabilidad, asegurando que lo que estaba roto sea reparado.

Y lo que es verdaderamente notable sobre Nehemías es que reconstruyó las puertas en un orden muy específico. Comenzó en la Puerta de las Ovejas, luego fue a la Puerta del Pescado, luego la Puerta Antigua, y así sucesivamente. No es casualidad. Cada puerta representaba un diferentes aspecto del arrepentimiento y restauración nacional.

Cuando veas el orden de las puertas, verás el patrón de lo que un centinela necesita hacer para ver su generación restaurada.

De la Puerta de las Ovejas a la Puerta Antigua

Déjame caminar contigo a través de los pasos que Nehemías tomó en la reparación de las puertas, porque cada paso te dirá algo diferente sobre lo que necesitas hacer en tu propio viaje de intercesión.

Primero, la Puerta de las Ovejas.

La Puerta de las Ovejas era donde se traían los corderos para el sacrificio en el templo. Era la entrada al sacrificio. Cuando Nehemías comenzó aquí, estaba comenzando con sacrificio. Estaba diciendo: lo primero que necesitamos es colocar nuestras vidas como un sacrificio viviente ante Dios.

Este es tu punto de partida como centinela. Necesitas llegar a un lugar donde estés dispuesto a sacrificar tu propia vida por lo que Dios quiere hacer. Necesitas estar dispuesto a desperdiciar tiempo en oración. Necesitas estar dispuesto a soportar críticas. Necesitas estar dispuesto a soportar el costo de ser una centinela.

De ahí pasó a la Puerta del Pescado.

La Puerta del Pescado era donde el pueblo traía el pescado del Mar Muerto para vender. Representaba comercio, intercambio, la provisión diaria. Cuando reparó esta puerta, Nehemías estaba abordando la necesidad de que el pueblo tuviera provisión diaria.

Como centinela, necesitas comprender que tu intercesión afecta la provisión de tu pueblo. Cuando oras, abres las puertas para que Dios pueda traer bendición, suministro, todo lo que tu comunidad necesita.

De ahí vino a la Puerta Antigua.

La Puerta Antigua era literalmente la más vieja de todas las puertas. Representaba el pasado, las raíces, la historia de lo que Jerusalén había sido. Cuando la reparó, Nehemías estaba diciendo que en el futuro, necesitamos honrar lo que Dios ha hecho en el pasado.

Como centinela, necesitas mirar atrás a la historia de tu iglesia, tu ciudad, tu nación. Necesitas ver dónde una vez hubo un avivamiento. Necesitas ver dónde una vez hubo un movimiento de Dios. Y necesitas orar para que se restablezcan esas cosas.

De ahí fue a la Puerta del Valle.

La Puerta del Valle era donde la ciudad se abría a los valles circundantes. Representaba vulnerabilidad, apertura, el lugar donde la ciudad era más débil.

Como centinela, necesitas estar dispuesto a ir a los lugares más vulnerables, los lugares más rotos de tu comunidad. Necesitas estar dispuesto a orar sobre las cosas que otros evitan. Necesitas estar dispuesto a enfrentar la dura realidad.

De ahí fue a la Puerta del Estiércol.

Ahora bien, la Puerta del Estiércol era exactamente lo que parece: la puerta por donde se sacaba el estiércol y la basura de la ciudad. Representaba purificación, limpieza, la necesidad de sacar lo que es sucio y corrupto.

Como centinela, necesitas estar dispuesto a ver la corrupción en tu iglesia, en tu ciudad, en tu nación, y orar por su limpieza. Necesitas estar dispuesto a nombrar el pecado. Necesitas estar dispuesto a pedir arrepentimiento y purificación.

De ahí fue a la Puerta de la Fuente.

La Puerta de la Fuente era donde la ciudad podía acceder al agua. Representaba vida, refrigerio, restauración espiritual.

Como centinela, necesitas orar por la restauración espiritual de tu pueblo. Necesitas pedir a Dios que envíe un derramamiento de su Espíritu. Necesitas ser alguien que conduce a otros a las aguas refrescantes de la presencia de Dios.

De ahí fue a la Puerta de Jerusalén.

La Puerta de Jerusalén era la entrada a la ciudad para aquellos que venían desde el sur.

Como centinela, necesitas estar guardando las entradas a tu comunidad. Necesitas estar atento a lo que está tratando de entrar. Necesitas ser alguien que decide qué influencias, qué enseñanzas, qué espíritus son permitidos para afectar a tu pueblo.

De ahí fue a la Puerta de la Cabaña.

La Puerta de la Cabaña era donde la residencia del sumo sacerdote estaba cerca. Representaba liderazgo, autoridad, la calidad moral de aquellos que están en posiciones de poder.

Como centinela, necesitas estar orando por tus líderes espirituales. Necesitas estar intercediendo por su integridad, su pureza, su conexión con Dios. Necesitas entender que la salud de tu liderazgo determina la salud de tu iglesia.

Y finalmente, fue a la Puerta de la Inspección.

La Puerta de la Inspección era donde se traían los animales para ser examinados antes de ser ofrecidos en el templo. Representaba juicio, escrutinio, asegurarse de que solo lo mejor es ofrecido a Dios.

Como centinela, necesitas estar haciendo este trabajo de inspección en tu propia vida. Necesitas permitir que Dios te examine. Necesitas permitir que Dios traiga juicio a tu corazón. Necesitas estar dispuesto a ser purificado para que tu oración sea ofrecida como un sacrificio aceptable.

Este es el patrón de Nehemías. Este es el viaje del centinela.

Tu Próximo Movimiento

Así que ahora que sabes lo que es un centinela, ahora que sabes los pasos que necesitas tomar, la pregunta es: ¿Cuál es tu siguiente paso?

Porque saber esto no es suficiente. Tienes que vivirlo. Tienes que convertirlo en acción.

Entonces, déjame ser muy claro contigo en este momento. Si después de leer este libro, si después de aprender sobre el oficio del centinela, si después de entender la urgencia de la hora, si después de ver el patrón de Nehemías, decides que esta no es una carga que quieres llevar, eso está bien. Esto no es para todo el mundo. El centinela es un oficio específico para personas específicas. Si esta no es tu llamada, entonces honra a aquellos cuyo es.

Pero si, después de toda esta exposición, después de toda esta enseñanza, sientes que sí, siento el llamado, siento el peso, siento la responsabilidad, entonces necesitas entender que el siguiente capítulo de tu vida va a cambiar.

Porque ser un centinela no es un hobby. No es algo que hagas los domingos. No es una práctica de devoción ocasional. Es un oficio. Es una forma de vida.

Te estoy pidiendo que consideres seriamente si vas a ceder a Dios completamente. Si vas a poner a un lado tus comodidades, tus preferencias, tus planes, para que puedas ser quien Dios está llamándote a ser.

Te estoy pidiendo que consideres seriamente si vas a ponerte de pie en la brecha.

Y si la respuesta es sí, si estás listo para dar ese paso, entonces aquí está mi consejo para ti: no hagas esto solo. Busca a otros centinelas. Busca una comunidad de oración. Busca hermanos y hermanas que compartan tu visión, que compartan tu burden, que compartan tu disposición a pararse en la brecha.

Porque cuando los centinelas se unen, cuando la comunidad de fe se levanta en oración corporativa, cuando una iglesia decide que va a ser una comunidad de oración intercesora, entonces los cielos se mueven. Entonces el enemigo tiembla. Entonces la historia cambia.

Este es tu momento. Esta es tu generación. Este es tu llamado.

¿Responderás?

La Hoja de Ruta de Intercesión de Nehemías

Activación y Reflexión

---

1. ¿Qué muros rotos en tu familia, iglesia o comunidad te está llamando Dios a reconstruir a través de la intercesión?

____

____

____

____

2. ¿Cómo el patrón de Nehemías — llanto, ayuno, confesión y petición audaz — desafía tu enfoque actual de la oración?

____

____

____

____

3. ¿Cuál es una área específica donde Dios te ha dado un mapa en la oración que aún no has actuado completamente?

____

____

____

____

4. Como Nehemías, ¿quiénes son las personas que Dios ha colocado a tu alrededor para asociarte en reconstruir a través de la oración?

____

____

____

____

5. ¿Qué oposición estás enfrentando actualmente en tu trabajo intercesor, y cómo responderás como respondió Nehemías?

____

____

____

____

La Hoja de Ruta de Intercesión de Nehemías

Una Oración de Reconstrucción

Dios de Nehemías, vengo ante ti con un corazón quebrantado por lo que se ha roto en mi mundo. Lloro sobre los muros que han caído. Confieso los pecados de negligencia e incredulidad en la oración. Concédeme tu plano para reconstruir. Levanta obreros que se paren conmigo en el muro. Y cuando la oposición se levante, que no me detenga a negociar con el enemigo — que siga construyendo. En el nombre de Jesús, Amén.

CAPÍTULO TRES

El Valle y la Puerta del Muladar

El Propósito del Aplastamiento

Hay una puerta en el mapa de ruta de Nehemías por la que nadie se ofrece voluntariamente. Nadie se despierta y dice: "¡No puedo esperar para pasar por la Puerta del Valle hoy!" Pero todo creyente maduro que alguna vez ha caminado con Dios por un tiempo serio sabe exactamente lo que se siente estar en ese valle. La presión que no se levanta. La estación que parece no tener fin. El silencio del cielo que te hace preguntarte si Dios siquiera está prestando atención. Esa es la Puerta del Valle. Y si no entiendes para qué es realmente, te quebrará en lugar de edificarte.

La Puerta del Valle en Nehemías 3 no era una entrada lateral. Era una puerta real y funcionante en el muro de Jerusalén. La gente pasaba por ella. Tenía un propósito. Y en el mapa de ruta profético del viaje del alma, la Puerta del Valle representa la estación de dificultad que Dios permite en la vida de un creyente que está madurando. No como castigo. No porque te haya olvidado. Sino porque miró dentro de tu corazón y encontró algo que no pertenece allí, algo que realmente te bloqueará de llevar lo que quiere darte a continuación.

Esa es la frase clave. Lo que viene a continuación.

Dios no te envía a un valle para destruirte. Te envía a un valle para prepararte para lo que antes no podías llevar. Un creyente maduro que no ha pasado por el valle es como un recipiente que aún tiene contenido antiguo en él. No puedes verter algo nuevo y fresco en un recipiente que ya está lleno de algo que no debería estar allí. El valle es la manera de Dios de vaciar el recipiente. Y sí, el proceso se siente como aplastamiento. Pero el aplastamiento no es lo mismo que matar. El aplastamiento está diseñado para librarte de ti mismo, de la versión de ti que no puede manejar lo que Dios quiere liberar a continuación.

Considera esto: Dios está en el negocio de la preparación. Cada cosa que permite en tu vida está estructurada alrededor de la pregunta: "¿Estará listo para lo que viene?" No es una pregunta que responda. Es una pregunta que Él responde a través de lo que permite que suceda en tu vida.

Una de las pruebas más puras de que realmente entiendes a Dios es tu capacidad de permanecer en el valle sin salir corriendo o sin amargarte. Porque si crees que Dios está en ti, y crees que va a completar la buena obra que comenzó en ti, entonces confías en que el valle no es un lugar de abandono. Es un lugar de preparación.

¿Quién dice que fue Dios quien te echó al foso? ¿Quién dice que fue Dios quien permitió que te abandonaran tus hermanos? En el libro de Génesis, José fue echado a un pozo. Fue vendido como esclavo. Fue falsamente acusado y encarcelado. Pero cuando ves su vida en retrospectiva, ves que cada una de esas cosas fue diseñada específicamente para prepararlo para una posición que no podría haber sostenido de otra manera. El valle le preparó para el palacio. El cautiverio fue la puerta de entrada a su poder.

David lo entendía profundamente. David fue ungido para ser rey, pero antes de ser rey tuvo que vivir en una cueva. Tuvo que ser perseguido. Tuvo que estar bajo una amenaza constante de muerte. ¿Por qué? Porque Dios estaba creando en David el carácter de un líder que no buscaba la gloria, sino que buscaba el rostro de Dios.

Sí, la presión del valle es intensa. Pero no es accidental. Es formativa. Es purificadora. Es la mano de Dios trabajando en tu corazón para remover las impurezas de tu vida para que puedas llevar el llamamiento que ha colocado sobre ti.

Aquí es donde entra la Puerta del Muladar. Porque después de ser aplastado en el Valle, allí está la Puerta del Muladar, que en la visión de Nehemías era literalmente la puerta por donde sacaban la basura y los desechos de la ciudad de Jerusalén.

Eso es lo que necesitas entender sobre tu quebrantamiento. No eres desechable. Pero todo lo que el enemigo ha puesto en ti que es desecho, todo lo que no es de Dios, todo lo que es tóxico y ha estado envenenando tu espíritu durante años: eso es lo que es desechable.

Cuando entiendes la progresión profética de estas puertas, ves que Nehemías está diciendo que después de ir al Valle, después de ser aplastado, hay una puerta de salida. Y esa puerta es llamada la Puerta del Muladar. Es el lugar donde sacas todo lo que es basura en tu vida.

Eso es increíblemente esperanzador. Porque significa que no estás destinado a permanecer en el valle para siempre. El aplastamiento no es tu destino. Es solo una estación. Y si perseveras, si reconoces lo que Dios está haciendo, si permites que Él complete Su obra en tu vida, entonces el valle te lleva a la Puerta del Muladar. Te lleva a un lugar donde puedes descartar todo lo que no debería estar en tu vida.

Descartando lo que está Muerto

En Nehemías 2, vemos que Nehemías llegó a las puertas de Jerusalén de noche. Y cuando llegó, fue a inspeccionar los muros. Cuando llegó a la Puerta del Muladar, fue donde vio el daño más grande en el muro. No porque la Puerta del Muladar fuera más importante que las otras puertas, sino porque ese era el lugar donde estaba concentrado todo el desecho.

¿Entiendes lo que estoy diciendo? Donde hay más basura, hay más daño. Porque la basura es corrosiva. La basura es tóxica. La basura degrada la estructura alrededor de ella.

Así es como operan los patrones pecaminosos en tu vida. No vienen anunciando su llegada. No vienen con una agenda clara. Vienen disfrazados como normalidad. Vienen como "así es como siempre hemos hecho las cosas en esta familia." O "así es como me han enseñado a responder." O "así son mis sentimientos."

Pero después de años, esos patrones se han convertido en basura que se ha acumulado contra la estructura de tu vida, y han causado daño significativo. Han socavado tu integridad. Han debilitado tu fe. Han creado grietas en tu matrimonio, en tus amistades, en tu relación con Dios.

Y aquí es donde entra la Puerta del Muladar. Porque la Puerta del Muladar es el lugar donde dices: "Voy a sacar esta basura. Voy a nombrar lo que no pertenece aquí. Voy a dejar de justificarlo. Voy a dejar de excusarlo. Voy a dejar de vivir con él como si fuera normal."

Rechazo. Eso es lo que significa la Puerta del Muladar. No es solo un lugar donde va la basura. Es un lugar de decisión. Es donde reconoces y rechazas activamente lo que está matando tu espíritu.

Aquí está el problema: muchas personas nunca descubren la Puerta del Muladar porque nunca quieren mirar la realidad de lo que está sucediendo en sus vidas.

Están cómodas. Están numb. Están en una relación de negación tan profunda que ni siquiera pueden ver el daño.

Pero si vas a ser la clase de persona que el Espíritu Santo puede usar, tienes que desarrollar la capacidad de ser honesto contigo mismo acerca de qué está realmente sucediendo. Tienes que dejar de vivir una mentira. Tienes que dejar de fingir que todo está bien cuando no lo está.

Por eso Nehemías salió por la noche. Porque parte de lo que tiene que suceder es un acto de valentía privada. Primero tienes que ser honesto contigo mismo. Primero tienes que reconocer en la oscuridad de tu propia alma qué está mal. Tienes que contar el costo. Tienes que ver el daño que has permitido.

Pero luego, tienes que convertirlo en un acto público de fe. Tienes que salir de la Puerta del Muladar y decir a los que te rodean: "Vamos a reconstruir. Vamos a reparar. Vamos a no vivir más en esto."

Eso es coraje. Ese es el tipo de fe que Dios honra.

La Oración que Abre la Puerta

En Nehemías 1, antes de que Nehemías hiciera cualquier cosa, él oró. Cuando oyó el informe de que los muros de Jerusalén estaban rotos, se sentó y lloró. Y luego oró una de las oraciones más poderosas registradas en la Escritura.

Que sepas que Nehemías no fue el primero en notar que los muros estaban rotos. Israel había sido llevada cautiva hace más de 140 años. Era bien sabido que los muros estaban rotos. Pero Nehemías fue el primero que fue lo suficientemente apasionado por la restauración como para hacer algo al respecto.

¿Cuál fue la diferencia? La diferencia fue que Nehemías oró. Nehemías ayunó. Nehemías confesó el pecado. Nehemías identificó su propio corazón con el deterioro de la ciudad.

Fíjate en el versículo 6 de Nehemías 1: "Te ruego, Señor, que Tus oídos estén atentos a la oración de Tu siervo, y a la oración de Tus siervos que se deleitan en reverenciarte; y dame ahora prosperidad, te ruego, delante de este hombre." (NBLH)

Nehemías no solo estaba orando por Jerusalén. Estaba orando por sí mismo. Estaba diciendo: "Dios, quiero ser parte de la solución. Quiero ser alguien a quien puedas usar para reconstruir."

Y así es como funciona la intercesión. No es solo llorar por la situación. Es identificarse con ella. Es decir: "Esta es mi carga. Voy a ser parte de la respuesta."

Cuando oras por el Valle y la Puerta del Muladar en tu propia vida, no estás solo pidiéndole a Dios que te libere del dolor. Le estás pidiendo que te use para reconstruir lo que fue destruido. Le estás pidiendo que te transforma en una persona de poder e influencia espiritual.

Y cuando oras de esta manera, Dios responde. No porque seas digno. No porque hayas ganado el derecho. Sino porque estás dispuesto a ser moldeado por el proceso.

La Puerta del Centinela

Después de la Puerta del Muladar viene la Puerta del Centinela en el mapa de ruta de Nehemías. Y es aquí donde vemos la completación del propósito de Dios en tu vida.

La palabra "centinela" significa alguien que vigila. Es alguien que está en una posición de poder y autoridad espiritual. Es alguien que puede ver lo que viene y advertir a otros.

Porque aquí está la verdad que Dios quiere que entiendas: la razón por la que permitió que fueras al valle no fue para destruirte. Fue para prepararte para una posición de vigilancia espiritual.

Después de que hayas sido aplastado, después de que hayas rechazado la basura en tu vida, Dios quiere levantarte como un centinela. Alguien que puede ver el peligro que viene. Alguien que puede orar las oraciones que protegen a otros.

Aquí es donde tu dolor se convierte en tu propósito. Aquí es donde todo lo que sufriste tiene significado. Porque cuando el enemigo viene contra la persona a tu lado, tú sabes exactamente qué hacer. Tú sabes cómo orar. Tú sabes cómo interceder. Porque has estado allí. Has caminado por eso.

Ese es el regalo de la Puerta del Centinela. Tu dolor se convierte en tu plataforma de poder. Tu quebrantamiento se convierte en tu base de autoridad espiritual.

El evangelio es el poder de Dios para la salvación. Y cuando has experimentado ese poder en tu propia vida, cuando has sido transformado de alguien que estaba siendo destruido a alguien que está siendo levantado como un centinela, entonces tienes autoridad para hablar sobre ese poder a otros.

Esa es la progresión. Eso es lo que significa pasar por el Valle y la Puerta del Muladar y llegar a la Puerta del Centinela.

El Valle y la Puerta del Muladar

Activación y Reflexión

---

1. ¿Qué valles — estaciones de humillación, fracaso o confusión — ha permitido Dios en tu vida que han purificado realmente tu intercesión?

____

____

____

____

2. La Puerta del Muladar representa el lugar donde se remueve el desperdicio. ¿Qué desperdicio espiritual — amargura, orgullo, pecado sin resolver — necesita ser limpiado de tu vida para hacerte un recipiente más limpio de oración?

____

____

____

____

3. ¿Cómo has visto a Dios traer refrigerio (la Puerta de la Fuente) después de una estación de aplastamiento?

____

____

____

____

4. ¿Qué significa para ti personalmente que Dios a menudo comience su obra de restauración en los valles, no en las cimas?

____

____

____

____

5. Escribe una breve renuncia — entregando la herida, vergüenza u ofensa que has estado cargando a manos de Dios. ¿Qué estás soltando hoy?

____

____

____

____

El Valle y la Puerta del Muladar

Una Oración de Liberación

Padre, traigo cada experiencia de valle ante ti — cada herida, cada fracaso, cada humillación que he cargado demasiado tiempo. Las paso por la Puerta del Muladar hoy, soltando el residuo de vergüenza, amargura y decepción. Límpiame completamente. Tráeme a la Puerta de la Fuente de refrigerio. Que el aplastamiento produzca vino, no tiempo desperdiciado. Restaura el gozo de mi salvación. En el nombre de Jesús, Amén.

CAPÍTULO CUATRO

Propósito, Rapto y Juicio

El Renacimiento del Destino

La Puerta del Agua es donde todo lo que pasaste finalmente tiene sentido.

En el viaje de Nehemías a través de las puertas de Jerusalén, la Puerta del Agua era donde se llevaba a cabo el trabajo real de limpieza. No solo removían basura en la Puerta del Muladar. En la Puerta del Agua, el agua que fluía desde la fuente de Gihón limpiaba y restauraba los muros y la ciudad.

Agua en la Escritura es un símbolo de la Palabra de Dios. Es un símbolo de purificación. Y es un símbolo de renovación.

Después de todo lo que has atravesado, después del aplastamiento del valle, después de descartar la basura en la Puerta del Muladar, ahora vienes a la Puerta del Agua donde la Palabra viva de Dios fluye sobre ti y te restaura.

Pero aquí está lo importante: la Puerta del Agua no es solo un lugar de comodidad. Es un lugar donde se te da un propósito renovado.

En Nehemías 8, después de que los muros fueron reconstruidos, el pueblo se reunió en la Puerta del Agua. Y Esdras abrió el Libro de la Ley y leyó de ella. Y cuando la gente escuchó la Palabra de Dios, el Espíritu la tocó. Y la gente comenzó a llorar y a arrepentirse.

Pero no fue solo un momento de convicción. Fue un momento donde Dios les fue dando un propósito renovado. Porque después de escuchar la Palabra, el pueblo dijo: "Vamos a guardar la Ley. Vamos a reconstruir nuestra relación con Dios."

Ese es el punto de la Puerta del Agua. No es un lugar de debilidad. Es un lugar donde tu propósito es renovado y purificado por la Palabra viva de Dios.

Muchos creyentes vienen a la Puerta del Agua y esperan que Dios los haga sentir mejor. Esperan que sea un lugar de alivio de la presión del valle. Y es verdad que hay alivio. Pero hay más. Hay un propósito. Hay una misión. Hay un llamamiento.

Porque después de que la Palabra de Dios toca tu corazón, no eres el mismo. No puedes volver a vivir la vida de la misma manera. Tienes que tomar una decisión. Tienes que comprometerte con lo que la Palabra dice.

Y cuando lo haces, cuando atraviesas la Puerta del Agua y permites que la Palabra viva de Dios toque tu corazón y renueve tu propósito, entonces comienzas a caminar en el poder que Dios ha planeado para tu vida.

Pero espera. Hay más. Porque después de la renovación del propósito viene la verdad más aterradora en toda la Escritura: el rapto y el juicio.

La Realidad del Rapto y el Juicio

Cuando Jesús fue levantado después de Su resurrección, fue llevado al cielo. Y eso fue un rapto. Fue un cambio instantáneo de un estado a otro. De muerto a resucitado. De terrenal a celestial.

Y cuando regreses a la vida que viviste antes de llegar a la Puerta del Agua, entenderás lo que Jesús dijo: "Si vosotros, siendo malos, sabéis dar buenos regalos a vuestros hijos, cuánto más vuestro Padre que está en los cielos dará cosas buenas a los que le pidan?" (Mateo 7:11)

No, eso no es lo que Jesús dijo sobre el rapto. Pero es la verdad que sería más fácil que fuera lo que dijo. Porque lo que Jesús realmente dijo fue peor. Lo que Jesús dijo fue esto: "¿O no sabéis que los injustos no heredarán el reino de Dios? ¿No erréis: ni los fornicarios, ni los idólatras, ni los adúlteros, ni los afeminados, ni los homosexuales, ni los ladrones, ni los avaros, ni los borrachos, ni los maldicientes, ni los estafadores, heredarán el reino de Dios." (1 Corintios 6:9-10)

Ese es el problema. Porque todos sabemos quiénes somos. Todos sabemos qué hemos hecho. Y cuando la

Palabra de Dios golpea tu corazón en la Puerta del Agua, la realidad de lo que eres sin la gracia de Dios es absolutamente aterradora.

Eso es lo que significa ser juzgado. No es una cuestión de Dios siendo malo o vengativo. Es una cuestión de que tus acciones tienen consecuencias. Y si has pasado tu vida rechazando a Dios, rechazando Su Palabra, rechazando Su amor, entonces inevitablemente habrá un día de rendición de cuentas.

Y eso es lo que el apóstol Pablo escribió a los Romanos. Que todos pecaremos. Que la paga del pecado es muerte. Pero que el regalo de Dios es vida eterna.

Entonces aquí está la verdad terrible y maravillosa que sucede en la Puerta del Agua: por un lado, se te da la oportunidad de arrepentirse. Se te da la oportunidad de cambiar. Se te da la oportunidad de ser transformado.

Pero por otro lado, también se te da la realidad de la rendición de cuentas. Se te da la comprensión de que tus acciones importan. Se te da la comprensión de que habrá un día en que tengas que responder por la vida que viviste.

Y cuando ambas cosas son verdaderas, cuando entiendes tanto la gracia de Dios como la realidad del juicio, entonces comprendes por qué Jesús vino. Comprendes por qué fue necesario que muriera. Comprendes por qué Su resurrección fue tan importante.

Porque Jesús fue el único que podría satisfacer la realidad del juicio. Él fue el único que podría pagar la paga del pecado. Y cuando crees en Él, cuando lo recibes como Señor y Salvador, entonces eres rescatado de esa rendición de cuentas. Entonces eres raptado. Entonces tu nombre es escrito en el Libro de la Vida.

Pero tienes que entrar en esa realidad. Tienes que comer de esa agua. Tienes que permitir que la Palabra de Dios penetre tu corazón. Y tienes que estar dispuesto a responder a lo que Él te está diciendo.

La Puerta de los Peces

Después de la Puerta del Agua viene la Puerta de los Peces. Y es aquí donde ves el verdadero poder de la cosecha espiritual.

En Nehemías 3, vemos que la Puerta de los Peces era donde traían la pesca del Mar de Galilea. Era un mercado vivo de fruta espiritual. Los pescadores habían salido al agua, habían echado sus redes, y habían traído una cosecha.

¿Ves lo que está sucediendo en la progresión de las puertas? Te va al Valle donde eres aplastado. Luego vas a la Puerta del Muladar donde rechazas lo muerto. Luego vas a la Puerta del Agua donde la Palabra de Dios te purifica y renueva tu propósito. Y luego llegas a la Puerta de los Peces donde ves el fruto de todo ese trabajo.

Porque aquí está la verdad que Dios quiere que entiendas: el propósito final de todo lo que Dios hace en tu vida es aumentarte. No en riqueza. No en fama. Sino en fruto espiritual.

Cuando los pescadores salían al agua, no sabían cuántos peces traerían. No sabían si tendrían una cosecha grande o pequeña. Pero sabían que si echaban sus redes, atraparían algo.

Así es como funciona el ministerio espiritual. Cuando oras, cuando intercedes, cuando das de ti mismo, hay un resultado. Hay una cosecha. Puede que no veas toda la cosecha de inmediato. Pero habrá una.

David escribió en los Salmos: "Dios plantó una viña en Egipto. Aclaró el camino ante ella. Profundizó sus raíces. Llenó la tierra." (Salmos 80:8-9, parafrasado)

Lo que David está diciendo es que cuando Dios actúa, Él es exuberante. Él no hace nada sin abundancia. Él no planta semillas que no van a producir cosecha.

Y cuando comienzas a vivir desde la realidad de que has sido plantado en la Puerta del Agua, cuando comienzas a entender que tu vida tiene un propósito divino, entonces comienzas a ver la cosecha.

Esa es la Puerta de los Peces. Es donde ves el resultado tangible de tu fe. Es donde ves vidas cambiadas. Es donde ves personas siendo liberadas de la esclavitud espiritual. Es donde ves el fruto del Espíritu manifestándose en las vidas de aquellos con los que has orado.

La Progresión Completa

Cuando ves toda la progresión de las puertas juntas, ves la jornada completa que Dios diseña para la vida de un creyente.

Comienza con el Cordero Gate, donde reconoces que necesitas ser salvo. Necesitas el sacrificio de Jesús. Necesitas la sangre del Cordero que quita el pecado del mundo.

Luego va al Fish Gate, donde comienzas a ser un pescador de hombres. Comienzas a traer a otros a la verdad de Jesús.

Luego va a la Puerta Antigua, donde aprendes sobre la historia de Dios con Su pueblo y te conectas con la nube de testigos que vinieron antes.

Luego va a la Puerta de Efraín, donde aprendes a ejercer autoridad espiritual en tu propia vida y en el reino de Dios.

Luego va a la Puerta del Ganado, donde tu vida comienza a producir fruto que alimenta a otros.

Luego va a la Puerta del Valle, donde Dios comienza el proceso de aplastarte y formarte en la imagen de Cristo.

Luego va a la Puerta del Muladar, donde rechazas activamente todo lo que no es de Dios.

Luego va a la Puerta del Agua, donde la Palabra viva de Dios te purifica y te da un propósito renovado.

Luego va a la Puerta de los Peces, donde ves la cosecha de tu vida espiritual.

Y luego va a la Puerta del Caballo, donde aprendes a correr la carrera que Dios ha puesto delante de ti con resistencia y poder.

Esa es la jornada completa. Esa es la progresión que Dios quiere que hagas. Y cuando entiendes cada puerta y lo que representa, entonces entiendes el propósito completo que Dios tiene para tu vida.

Porque cada puerta es tanto un lugar como un proceso. Cada puerta te prepara para la siguiente. Y cuando has pasado por todas las puertas, cuando has completado la jornada, entonces eres un instrumento completamente formado en las manos de Dios. Entonces puedes ser usado para hacer cosas extraordinarias. Entonces tienes el poder para cambiar vidas y transformar ciudades.

Propósito, Rapto y Juicio

Activación y Reflexión

---

1. ¿Cómo entender la asignación de las últimas épocas de los centinelas cambia la urgencia de tu vida de oración?

____

____

____

____

2. ¿De qué manera la realidad de estar ante el tribunal del juicio de Dios te motiva o remodela tu intercesión?

____

____

____

____

3. ¿Quién en tu esfera de influencia necesita una intercesora ahora — alguien parado en la brecha antes de que se acabe el tiempo?

____

____

____

____

4. ¿Cómo te ha mostrado Dios propósitos específicos ligados a tu asignación intercesora que se conectan con su plan eterno?

____

____

____

____

5. ¿Cómo sería para ti orar con verdadera urgencia escatológica — como si cada sesión de oración pudiera ser la última antes del regreso de Cristo?

____

____

____

____

Propósito, Rapto y Juicio

Una Oración de Intercesión Urgente

Señor de los Ejércitos, con la eternidad a la vista, tomo mi puesto intercesor más seriamente que nunca. Intercedo por los perdidos y los errantes. Oro para que la Iglesia dormida despierte. Pido más tiempo — y la sabiduría para usarlo bien. Que toda oración que ofrezco sea contada como servicio fiel ante tu trono. Mantén mis ojos fijos en lo que importa eternamente. En el nombre de Jesús, Amén.

CAPÍTULO CINCO

Definiendo Tu Metrón Espiritual

Localizando Tu Esfera de Autoridad

Hay una palabra que necesitas escribir y entender antes de dar otro paso en tu vida de oración. Esa palabra es *metron.*

Metron es un término griego que significa una medida o un límite. Es un perímetro. Es un área de autoridad específica.

En 2 Corintios 10:13, Pablo escribió: "Pero nosotros no nos gloriaremos desmedidamente, sino conforme a la medida (*metron*) del límite que Dios nos designó, que llega hasta vosotros." (NBLH)

Lo que Pablo está diciendo es que cada persona tiene un área específica de autoridad y responsabilidad. No es infinita. No es universal. Es específica. Es delimitada. Es un *metron.*

Muchos cristianos pasan toda sus vidas intentando operar fuera de su *metron.* Intentan alcanzar una esfera de influencia que Dios nunca les asignó. Intentan hacer un trabajo que no fueron llamados a hacer. Intentan ser profetas cuando fueron llamados a ser maestros. Intentan ser apóstoles cuando fueron llamados a ser evangelistas.

Y el resultado es frustración. Es quemaduras. Es culpa espiritual. Es la sensación de que nunca estás donde deberías estar.

Pero cuando entiendes tu *metron*, todo cambia. De repente, tu oración tiene poder porque está enfocada. Tu fe tiene poder porque está alineada con lo que Dios te ha llamado a hacer. Tu vida tiene significado porque estás haciendo exactamente lo que se suponía que deberías estar haciendo.

El primer paso es descubrir dónde están tus límites. ¿Dónde está tu autoridad? ¿Cuál es el área específica en la que Dios te ha puesto?

No es una pregunta que puedas responder preguntando a otros. No es una pregunta que puedas responder leyendo libros. Es una pregunta que tienes que responder en tu relación privada con Dios.

La Oración que Expande Tu Metron

Cuando comienzas a entender tu *metron*, entonces puedes comenzar a orar las oraciones que Dios quiere que ores. Porque la intercesión es la extensión de tu autoridad espiritual a través de la oración.

En Hechos 1:8, Jesús dijo a Sus discípulos: "Pero recibiréis poder cuando el Espíritu Santo haya venido sobre vosotros; y seréis mis testigos en Jerusalén, en toda Judea y Samaria, y hasta lo último de la tierra." (NBLH)

Fíjate en la progresión. Primero fue Jerusalén. Luego Judea. Luego Samaria. Luego el resto del mundo.

No le dijo a los discípulos que fuera al mundo entero de inmediato. Primero fue el círculo local. Luego se expandió.

Así es como funciona el *metron*. Comienzas con lo que Dios te ha dado. Obedeces en esa área. Y entonces Dios expande. Entonces Dios te da más.

Hay una promesa en la Escritura que dice: "Al que es fiel en lo poco, lo haré señor sobre mucho." (Mateo 25:21)

Lo que Jesús está diciendo es que la fidelidad en tu *metron* actual es lo que califica para un *metron* más grande.

Muchos cristianos quieren un *metron* más grande. Quieren más influencia. Quieren más poder. Quieren impactar al mundo. Pero no están siendo fieles en donde Dios los ha puesto actualmente.

Y el resultado es que Dios no puede expandir su *metron*. Porque la expansión del *metron* requiere fidelidad en el *metron* actual.

Así que aquí está la pregunta: ¿Dónde estás siendo infiel? ¿Dónde estás siendo perezoso? ¿Dónde estás esperando que Dios te use para hacer algo grande cuando aún no estás siendo fiel en lo pequeño?

Porque cuando comienzas a ser fiel en tu *metron* actual, cuando comienzas a orar por las personas en tu círculo de influencia, cuando comienzas a interceder por los problemas en tu comunidad local, entonces Dios comienza a expandir.

Entonces Dios abre nuevas puertas. Entonces Dios te coloca en nuevas posiciones. Entonces Dios comienza a usarte de maneras que nunca imaginaste.

Pero todo comienza con la fidelidad en donde estás ahora.

El Metrón de Tu Casa

El primer metrón que Dios te da es tu casa. Es tu familia. Es tu círculo íntimo.

En Deuteronomio 6, Moisés escribió: "Amarás al Señor tu Dios con todo tu corazón, y con toda tu alma, y con toda tu mente. Este es el primero y el grande mandamiento. Y el segundo semejante a este es: Amarás a tu prójimo como a ti mismo." (NBLH)

Pero antes de eso, en el contexto del capítulo, Moisés estaba escribiendo acerca de la importancia de enseñar la fe a los niños. De transmitir la fe de una generación a la siguiente.

El primer metrón en el que Dios te coloca es tu hogar. Es el lugar donde enseñas. Es el lugar donde modelas. Es el lugar donde estableces los cimientos de la fe para la próxima generación.

Muchas personas negligente este metrón. Descuidan su hogar porque están demasiado ocupadas trabajando en su ministerio. Descuidan a sus hijos porque están demasiado ocupadas siendo siervos en la iglesia.

Pero aquí está la verdad que la Escritura enseña: si no puedes gobernar tu propia casa, no tienes autoridad para gobernar nada más.

Pablo escribió a Timoteo: "El obispo debe ser irreprensible, esposo de una sola mujer, templado, prudente, respetable, hospitalario, capaz de enseñar; no dado al vino, no violento, sino amable, apacible, no amador del dinero; que gobierne bien su propia casa, teniendo a sus hijos en sujeción con toda dignidad (pues si alguien no sabe gobernar su propia casa, ¿cómo cuidará de la iglesia de Dios?)." (1 Timoteo 3:2-5)

La palabra que usa es "gobernar." No significa controlar. Significa conducir. Significa establecer un ambiente donde la fe florece. Significa ser un modelo de lo que significa vivir para Dios.

Y cuando lo haces, cuando estableces tu hogar como un lugar donde Dios es honrado, donde la fe es practicada, donde el amor es vivido, entonces tu influencia comienza a expandirse.

Tus hijos llevan esa fe con ellos cuando crecen. Tu esposa se vuelve más fuerte en el Señor. Tu familia se convierte en un testimonio a otros. Y entonces Dios comienza a expandir tu metrón.

Pero todo comienza en casa. Todo comienza siendo fiel en el círculo más íntimo que Dios te ha dado.

El Metrón de Tu Trabajo

El segundo metrón que Dios te da es tu trabajo. Es el lugar donde pasas la mayor parte de tus horas. Es el lugar donde tienes la influencia más directa.

Muchas personas piensan que su trabajo es solo una forma de ganar dinero. Piensan que no tiene conexión con su fe. Piensan que es un lugar donde simplemente haces un trabajo y esperas que llega el fin de semana para poder enfocarte en lo que realmente importa.

Pero la Escritura enseña algo completamente diferente. La Escritura enseña que tu trabajo es un llamamiento sagrado.

En Colosenses 3:17, Pablo escribió: "Y todo lo que hagáis, hacedlo de corazón, como para el Señor y no para los hombres; sabiendo que del Señor recibiréis la recompensa de la herencia. Servid al Señor Cristo." (NBLH)

¿Ves lo que Pablo está diciendo? Cuando trabajas, estás sirviendo a Jesús. Cuando haces tu trabajo bien, cuando lo haces con integridad, cuando lo haces de corazón, entonces estás adorando a Dios.

Tu metrón de trabajo es el lugar donde modelas integridad. Es el lugar donde dices la verdad incluso cuando es difícil. Es el lugar donde haces el trabajo que fue asignado incluso cuando nadie te está viendo. Es el lugar donde tratas a otros con respeto y dignidad incluso cuando no te tratan bien.

Y cuando haces eso, tu metrón de trabajo se convierte en un testimonio viviente de tu fe. Tus colegas comienzan a ver algo diferente en ti. Comienzan a notar que hay algo específico acerca de tu carácter. Y entonces, cuando llega el momento, tienes la oportunidad de hablar acerca de por qué eres diferente.

Esa es la clase de influencia que Dios honra. No es bombástica. No es arrogante. Es simplemente un carácter consistente y fiel que sale de una vida enfocada en Dios.

Y cuando eres fiel en tu metrón de trabajo, Dios expande. Entonces tienes más responsabilidad. Entonces tienes más autoridad. Entonces tienes más oportunidades de impactar a otros para el reino.

El Metrón de Tu Comunidad

El tercer metrón que Dios te da es tu comunidad. Es el lugar donde vives. Es el lugar donde compras. Es el lugar donde interactúas con tus vecinos. Es el .lugar donde frecuentas los restaurantes y negocios locales.

Muchas personas no consideran su comunidad como un metrón de influencia. Piensan que simplemente van allí para hacer lo que necesitan hacer y luego se van.

Pero la Scripturaenseña que tu comunidad es un lugar de ministerio. Es un lugar donde tienes una responsabilidad espiritual.

Mateo 5:14-16 dice: "Vosotros sois la luz del mundo. Una ciudad asentada sobre una colina no puede esconderse.

Ni encendéis una lámpara y la ponéis debajo de un almud, sino sobre el candelero, y alumbra a todos los que están en casa. Así alumbre vuestra luz delante de los hombres, para que vean vuestras buenas obras, y glorifiquen a vuestro Padre que está en los cielos." (NBLH)

Lo que Jesús está diciendo es que eres la luz del mundo. Eres un instrumento de su luz en tu comunidad.

¿Qué significa eso prácticamente? Significa que cuando ves a un vecino que está sufriendo, tienes una responsabilidad de ofrecerle ayuda. Significa que cuando ves una injusticia en tu comunidad, tienes una responsabilidad de orar por ello y buscar la manera de abordarla. Significa que cuando tienes la oportunidad de servir, tienes una responsabilidad de hacerlo.

Porque tu comunidad es tu metrón. Es el lugar donde tienes la responsabilidad de ser la luz de Cristo.

Y cuando haces eso, cuando te vuelves alguien que es conocido por la bondad en tu comunidad, alguien que está allí para servir, alguien que está comprometido con el bienestar de otros, entonces tu metrón se expande.

Entonces tienes influencia. Entonces las personas te escuchan. Entonces tienes oportunidades para hablar sobre tu fe porque los has demostrado a través de tus acciones.

Esa es la clase de testimonio que Dios busca. No es alguien que predica a gritos. Es alguien que vive la fe consistentemente. Es alguien cuyas acciones hablan tan fuerte que sus palabras no necesitan ser dichas.

Expandiendo Tu Metrón a Través de la Intercesión

Ahora, aquí está la verdad que cambia todo: puedes expandir tu metrón de influencia a través de la intercesión incluso antes de estar listo para la responsabilidad directa.

La intercesión es cuando oras por alguien o algo que está fuera de tu metrón actual de influencia. Es cuando extiendes tu autoridad espiritual a través de la oración.

En Hebreos 10:24-25, el escritor escribió: "Y considerémonos unos a otros para estimularnos al amor y a las buenas obras; no dejando de congregarnos, como algunos tienen por costumbre, sino exhortándonos; y tanto más, cuanto que veis que el día se acerca." (NBLH)

Una de las formas en que te estimulas al amor y las buenas obras es a través de la intercesión. Es a través de orar los unos por los otros. Es a través de llevar los nombres de otros ante Dios.

Cuando oras por tu pastor, estás expandiendo tu metrón de influencia espiritual incluso si no tienes la responsabilidad directa de liderar la iglesia. Cuando oras por tus líderes políticos, estás ejerciendo autoridad espiritual incluso si no tienes el derecho de votar o la posición de poder político.

La intercesión es el Gran Ecualizador. No importa quién eres. No importa dónde estás. Tienes la capacidad de expandir tu metrón a través de la oración.

Y cuando oras, cuando realmente intercedes por alguien, cuando llevas sus nombres ante Dios con seriedad y pasión, entonces estás haciendo algo extraordinario. Estás liberando el poder del cielo en sus vidas. Estás abriendo puertas que de otra manera permanecerían cerradas.

Esa es la razón por la que la Escritura dice que la oración de un hombre justo tiene gran poder. (Santiago 5:16)

No es el poder del hombre. Es el poder de Dios liberado a través de la oración de un hombre que está viviendo en alineación con el corazón de Dios.

Y cuando comienzas a interceder, cuando comienzas a orar por tu familia, tu comunidad, tu nación, tu mundo, entonces tu metrón comienza a expandir exponencialmente.

De repente, tienes influencia en lugares donde nunca has estado. Tienes poder en áreas donde no tienes responsabilidad directa. Estás moldeando el curso de los eventos a través de tus oraciones.

Esa es la potencia de entender tu metrón y luego expandirlo a través de la intercesión.

Definiendo Tu Metrón Espiritual

Activación y Reflexión

---

1. ¿Cómo describirías tu metron espiritual — la esfera específica de autoridad e influencia que Dios te ha asignado?

____

____

____

____

2. ¿Qué sucede cuando oras fuera de tu metron asignado? ¿Has presenciado las consecuencias de excederte en la oración?

____

____

____

____

3. ¿Qué dones únicos, experiencias y relaciones definen los límites de tu jurisdicción espiritual?

____

____

____

____

4. ¿Cómo puedes honrar el metron de otra persona mientras cumples fielmente tu propia asignación intercesora?

____

____

____

____

5. Escribe una declaración específica de tu metron — las personas, lugares y propósitos que Dios te ha llamado a cubrir en oración.

____

____

____

____

Definiendo Tu Metrón Espiritual

Una Oración de Alineación

Padre, me someto a los límites de mi metron espiritual. Muéstrame claramente las esferas que has asignado a mí, y dame la sabiduría para permanecer dentro de mi jurisdicción designada. Renuncio a la tentación de excederme y a la cobardía de tener un desempeño deficiente. Expande mi metron como lo veas apropiado y dame la autoridad para operar plenamente dentro de él. Administraré fielmente lo que me has dado. En el nombre de Jesús, Amén.

El Poder de la Cobertura Espiritual

Descansando Bajo el Árbol de la Autoridad

Hay una imagen que captura lo que la cobertura espiritual realmente se parece mejor que casi cualquier explicación teológica. Imagina un árbol grande en un día caluroso. Sus ramas se extienden ampliamente. Su sombra llega lejos. Y debajo de él, una persona está descansando. Sin esforzarse. Sin luchar. Sin ansiedad por lo que está sucediendo en el campo abierto más allá de la sombra. Solo descansando. Porque alguien más grande, alguien con más alcance, alguien con raíces más profundas, está manejando lo que no pueden manejar por sí solos.

Eso es cobertura.

Suena simple. Pero la mayoría de los creyentes nunca han experimentado plenamente porque nunca se han sometido plenamente. Y la razón por la que no se han sometido es la misma razón cada vez. Orgullo. No siempre el tipo obviamente ruidoso. A veces es el tipo silencioso. El tipo que dice, 'Puedo escuchar a Dios por mí mismo'. El tipo que dice, 'No necesito a alguien sobre mí'. El tipo que confunde la independencia con la madurez espiritual y termina expuesto a batallas para las que nunca fue equipado para luchar solo.

Las únicas personas que resisten la sumisión son personas que no entienden lo que en realidad les está ofreciendo. La sumisión a una cobertura espiritual no es una restricción de tu libertad. Es protección sobre tu asignación. No es Dios poniendo un techo sobre ti. Es Dios poniendo un escudo alrededor de ti. En el momento en que entiendes esa distinción, todo sobre cómo te relacionas con la autoridad espiritual cambia.

La cobertura espiritual es la voluntad del Padre de proteger tu asignación porque eres su hijo. No es para controlar. Es para cuidar. Es para preservar. Es para mantener lo que ha sido confiado a ti seguro hasta que puedas manejarlo en la plenitud de tu propio ministerio.

Este es el corazón del primer nivel de intercesión centinela.

El trabajo del centinela de oración es estar de pie en las brechas entre la asignación de alguien y todo lo que quiere robarla, matarla o destruirla. Es estar de pie en el muro y decir 'no pasarás' a todo espíritu que viene con malas intenciones hacia el ungido del Señor. Y es hacer eso sin que la persona cuya asignación estás protegiendo incluso sepa que estás allí.

Esto es lo que significa tener un centinela de oración en tu vida.

Pero si esperas que alguien esté de pie en la brecha por ti, entonces debes estar dispuesto a estar de pie en la brecha por alguien más.

Este es el principio de reciprocidad en la intercesión. No es que ores por mí e yo ore por ti como un intercambio comercial. Es que oras por mí porque entiendes que mi asignación es importante para el Reino. E yo oro por ti porque entiendo que tu asignación es importante para el Reino.

Cuando dos personas entienden esto, crean una red de protección espiritual que es casi imposible de penetrar.

He visto parejas que han estado en esta clase de relación de cobertura durante décadas. He visto sus vidas prosperar. He visto sus ministerios crecer. He visto sus familias ser protegidas. No porque sean perfectas. No porque hayan orado las palabras correctas. Sino porque entendieron el principio de la cobertura y los cimientos en los que se construye.

La cobertura espiritual comienza con humildad. No la falsa humildad que dice 'No soy nada' mientras secretamente crees que eres todo. Sino la verdadera humildad que dice, 'Mi asignación es más importante que mi ego. Mis puertas necesitan ser protegidas. Y necesito a alguien que esté de pie conmigo en la brecha'.

Cuando aceptas eso, Dios puede establecer sobre ti un sistema de protección que ningún enemigo puede perforar.

Pero hay un segundo nivel de cobertura que es aún más profundo.

Es la cobertura apostólica.

Un apóstol es alguien que ha sido establecido por Dios para estar sobre otros. Su ministerio es la protección. Su oficio es la supervisión. Su responsabilidad es asegurarse de que la asignación confiada bajo su cargo prospere.

No todos son apóstoles. Pero todos necesitan un apóstol.

La Impartición Apostólica

Hay algo que sucede cuando un apóstol genuino camina en su oficio que es sobrenatural. No es psicología. No es manipulación. No es construcción de imperio. Es la liberación del favor de Dios a través del cargo que ha sido confiado a ese vaso.

La escritura en Hebreos 6 habla de esto. Dice que aquellos que aceptan la ministración de apóstoles y profetas son establecidos en la plenitud de lo que Dios ha decretado para sus vidas.

Eso significa que cuando te sometes a la cobertura apostólica genuina, no estás simplemente encontrando a alguien para que ore por ti. Estás conectando con el oficio que Dios ha establecido para liberar poder específico en tu asignación.

He visto esto en mi propia vida. Pasé años en ministerio y sé que crecí. Pero cuando me sometí a la cobertura apostólica genuina, algo cambió. No fue un cambio emocional. Fue un cambio de autoridad. Fue como si de repente supiera que cuando salía a hacer la obra del ministerio, iba bajo la protección de algo mayor que yo mismo.

Eso no me hizo menos responsable por mis propias decisiones. Eso no me quitó mi propia autoridad. Pero cambió la manera en que operaba. Comencé a moverme con una seguridad que no tenía antes. Una seguridad que no proviene del ego sino del conocimiento de que alguien más grande, alguien llamado a protegerme, estaba de pie por mí.

Este es el don de la impartición apostólica. No es la transferencia de poder. Es la transferencia de oficio. Y con ello viene una unción que es transferible.

Los ancianos en la escritura impartían favor a los jóvenes. Los profetas impartían unción a los reyes. Los apóstoles impartían poder a toda la iglesia. Esta no es una práctica antigua que fue dejada atrás. Es un principio que sigue siendo central para cómo Dios construye su reino.

Cuando una persona genuinamente apostólica pone su mano sobre tu vida y te coloca bajo su cobertura, sucede algo que es más que un cambio organizacional. Sucede una transferencia de ungüento. Sucede una liberación de poder. Sucede un cambio en la atmósfera espiritual que rodea tu asignación.

No estoy diciendo que los líderes imperfectos no puedan servirte. Estoy diciendo que si estás bajo la cobertura de alguien que realmente entiende el oficio, tu vida será diferente.

La diferencia es especialmente evidente en tu oración de intercesión. Cuando estás bajo verdadera cobertura apostólica, tus oraciones adquieren autoridad que no tienen cuando estás solo. No es que de repente seas más espiritual. Es que de repente tienes algo que respalda tu oración que no tenías antes.

Esto es lo que Jesús quiso decir cuando envió a los discípulos bajo la autoridad de su nombre. No fue un cambio mágico en quiénes eran ellos. Fue un cambio en lo que respaldaba su ministerio. Fueron y oraron y predicaron, pero no fueron solos. Fueron con la autoridad de Jesús detrás de ellos.

Cuando eso es cierto en tu vida, tu intercesión deja de ser tus propios esfuerzos. Comienza a ser el esfuerzo de una cadena de autoridad que se remonta al trono de Dios mismo.

Eso es cuando sí se da cuenta de lo poderosa que es tu oración de intercesión.

Eso es cuando descubres lo que significa realmente estar bajo cobertura.

La Autoridad del Creyente

Ahora, hay un tercer nivel de cobertura que es donde todo se une. Es la cobertura de la autoridad que Jesús te ha dado.

La mayoría de los creyentes no entienden cuánta autoridad tienen. Pasamos años hablando sobre la autoridad de Jesús. Pasamos años memorizando versículos sobre la autoridad. Pero nunca realmente comprendemos cómo funciona en la práctica.

Jesús le dijo a Pedro: 'Te daré las llaves del reino de los cielos'. No le dio a Pedro una llave a la puerta de una oficina. Le dio a Pedro la autoridad para abrir y cerrar lo que es celestial en el nivel terrenal.

Cuando comprendes eso, comprendes que tu intercesión no es una petición tímida. Es una declaración de autoridad. Es decir en el nombre de Jesús y bajo su autoridad: 'No pasarás. No harás daño. No entrarás'.

La gente dice: 'Pero soy solo un creyente. ¿Cómo puedo tener esa clase de autoridad?' La respuesta es porque Jesús la delegó. Cuando Jesús se fue al cielo, no se llevó su autoridad. La dejó en manos de la iglesia. Y si eres parte de la iglesia, entonces eres parte de la autoridad.

Esto no es arrogancia. Es la verdad de quiénes somos en Cristo. Estamos sentados en lugares celestiales. Estamos en autoridad. Estamos en poder. Y cuando oramos la intercesión, no estamos pidiendo que Dios haga algo. Estamos declarando lo que ya es verdad en los cielos.

Esa es la razón por la cual la intercesión es tan poderosa cuando se hace correctamente. No es porque palabras mágicas. Es porque están siendo dichas desde una posición de autoridad que la mayoría de los creyentes no saben que tienen.

Cuando comprendes que tienes esa autoridad, todo en tu vida espiritual comienza a cambiar. No porque de repente seas más espiritual. Sino porque de repente comprendes de dónde viene tu poder real.

Y cuando comprendes dónde viene tu poder, comprendes también quién está de pie contigo. Porque el poder que tienes no es el tuyo. Es el poder de todos los apóstoles que vinieron antes de ti. Es el poder de todos los santos que oraron y dieron sus vidas. Es el poder de Jesús mismo que fue entregado a la iglesia.

Cuando oras desde ese lugar, oras desde un lugar de una autoridad que no puede ser negada. Y es desde ese lugar que la intercesión comienza a cambiar cosas.

El Poder de la Cobertura Espiritual

Activación y Reflexión

---

1. ¿A quién ha colocado Dios sobre ti como cobertura espiritual? ¿Cómo has honrado o descuidado esa cobertura?

____

____

____

____

2. Describe un momento en que operar bajo la autoridad espiritual adecuada produjo protección o avance en tu vida.

____

____

____

____

3. ¿Quiénes son los que actualmente estás llamado a cubrir en oración — y estás haciéndolo fielmente y consistentemente?

____

____

____

____

4. ¿Cuál es la diferencia entre cubrir a alguien en oración e intentar controlarlos a través de la oración?

5. ¿Cómo entiender la cobertura espiritual cambia la manera en que abordas la oración intercesora por tu familia o iglesia local?

El Poder de la Cobertura Espiritual

Una Oración Bajo Cobertura

Señor, me someto bajo la cobertura espiritual que has ordenado sobre mi vida. Honro a los líderes y autoridades espirituales que has colocado sobre mí. Enséñame a orar por ellos en lugar de criticarlos. Ayúdame a cubrir fielmente a los que están a mi cuidado — que ninguna brecha en mi vida de oración los deje expuestos. Construye un dosel de protección sobre cada persona a mi cargo. En el nombre de Jesús, Amén.

Oración Legislativa versus Oración de Guerra

La Forma Más Alta de Intercesión

Hay dos formas de oración de intercesión. La primera se llama oración de guerra. La segunda se llama oración legislativa. Y si no comprendes la diferencia, nunca comprenderás completamente lo poderosa que tu intercesión puede ser.

La oración de guerra es lo que la mayoría de los creyentes piensan cuando piensan en intercesión. Es oración que viene de un lugar de conflicto. Es oración que dice: 'Dios, hay un enemigo aquí. Hay una batalla. Y necesito que luches por mí'. Esto es real. Esto es válido. Y ciertamente hay tiempos cuando la oración de guerra es exactamente lo que es necesario.

Pero la oración legislativa es diferente. Es oración que viene desde un lugar de autoridad, no desde un lugar de conflicto. Es oración que dice: 'En el nombre de Jesús, declaro que esto será así'. No es una petición. Es una declaración. No es una súplica. Es un acto de voluntad ejecutada desde una posición de autoridad.

Imagina un juez en un tribunal. Cuando dice 'Lo declaro legalmente vinculante', eso crea una realidad legal. No es porque él lo pidió con sinceridad. Es porque él tiene la autoridad para hacerlo. Eso es lo que la oración legislativa es. Es tomar la autoridad que Jesús te ha dado y usarla para legislar la realidad desde el cielo hacia la tierra.

Ahora, la razón por la que la oración legislativa es más alta que la oración de guerra es porque presupone la victoria. La oración de guerra presupone que aún estás bajo ataque. La oración legislativa presupone que ya has ganado. Y cuando oras desde un lugar donde ya has ganado, la naturaleza de tu oración cambia completamente.

La mayoría de los creyentes nunca llegan a la oración legislativa porque no saben cómo posicionarse correctamente. Están demasiado ocupados luchando batallas en sus propias mentes, en sus propias emociones, para entrar en el lugar de autoridad legislativa.

Pero cuando lo haces, cuando realmente entras en ese lugar de autoridad, entonces empiezas a comprender lo que significa estar sentado en lugares celestiales. Empiezas a comprender lo que significa que Dios te haya exaltado. Empiezas a comprender que tu palabra, cuando viene de ese lugar, tiene poder de crear realidad.

Esto no es el secreto. No es visualización. Es la verdad bíblica de lo que Dios ha hecho por la iglesia. Y la mayoría de los creyentes están viviendo muy por debajo de su privilegio porque no saben cómo entrar en este lugar.

El viaje de la intercesión es el viaje de aprender a orar de manera progresivamente más alta. Comienza con la oración de guerra. Pero no termina ahí. Termina en la oración legislativa. En la oración que declara. En la oración que crea realidad desde los cielos.

Y la razón por la que esto importa es porque hay cosas que Dios quiere que crees a través de tu oración que no puede crear de ninguna otra manera. Su oficio es esperarte a ti. Su autoridad está en ti. Y cuando no oras desde ese lugar, esas cosas nunca suceden.

Esta es la razón por la que la intercesión es tan crítica. No es porque Dios necesite tu ayuda. Es porque Dios ha limitado su poder en esta tierra a lo que su iglesia está dispuesta a llevar a cabo a través de su oración.

Así que la pregunta se vuelve: ¿Comprenderás tu autoridad? ¿Entrarás en el lugar legislativo? ¿Te levantarás como un centinela de oración y declararás la voluntad del cielo sobre la tierra?

Porque si no lo haces, no sucederá. Y eso es lo más solemne y lo más glorioso de la intercesión.

El Contrato de la Ecclesia

Hay un pasaje en Mateo 16 que es central para comprender toda la idea de la oración legislativa. Jesús le dice a Pedro: 'Te daré las llaves del reino de los cielos. Y todo lo que ates en la tierra será atado en el cielo. Y todo lo que desates en la tierra será desatado en el cielo'.

Ahora, la mayoría de los predicadores han hablado sobre este pasaje como si se tratara de Pedro solamente. Pero Jesús no le está hablando solo a Pedro. Está hablando a toda la iglesia. Está describiendo el oficio de la *ecclesia.*

¿Qué es la *ecclesia*? Es la asamblea de los llamados. Es la iglesia verdadera. No la institución. La asamblea verdadera de los que han sido llamados fuera del mundo para ser la representación de Cristo en la tierra.

Y a esa *ecclesia*, Jesús le da las llaves. Las llaves de la autoridad legislativa. Las llaves para atar y desatar. Las llaves para abrir y cerrar. Las llaves del Reino.

Esto significa que tienes la autoridad para legislar. Que tienes el poder para atar y desatar. Que tienes la capacidad de abrir lo que el infierno ha cerrado. Que tienes la capacidad de cerrar lo que el enemigo está intentando hacer.

Cuando oras en ese lugar, no estás pidiendo que Dios haga algo. Estás ejecutando tu oficio. Estás cumpliendo tu función como parte de la *ecclesia.* Estás usando la autoridad que te ha sido confiada.

He visto a personas que lo comprenden operar en este nivel. He visto sus oraciones abrir cosas que deberían haber estado cerradas. He visto sus decretos cambiar situaciones que parecían imposibles. He visto su fe traer sanidad cuando la medicina había fracasado.

Y todo porque comprendieron un principio simple: que tenían autoridad. Que sus palabras, cuando fueron dichas desde el lugar correcto, tenían poder para crear realidad.

La mayoría de los creyentes viven sin nunca descubrir esto. Viven sus vidas completas sin entender que tenían la autoridad para legislar, que tenían el poder para gobernar, que tenían las llaves del Reino en sus propias manos.

Pero cuando lo comprendes, cuando realmente lo comprendes, todo cambia. Tu oración cambia. Tu fe cambia. Tu vida cambia.

Porque de repente no eres solo un creyente más. Eres una parte de la *ecclesia*. Eres una parte de la asamblea que ha sido llamada a gobernar. Eres una parte de lo que Dios está haciendo en la tierra.

Y eso es suficiente para cambiar todo.

La pregunta entonces es: ¿Comprenderás tu parte en el contrato de la *ecclesia*? ¿Tomarás las llaves que Jesús te ha dado? ¿Y usarás tu autoridad para decretar la voluntad del cielo en la tierra?

Orando la Naturaleza de Dios

Ahora bien, la oración legislativa no es simplemente diciendo lo que quieres. Es diciendo lo que es verdad en los cielos. Es orando la naturaleza de Dios hacia la tierra.

Hay una diferencia fundamental entre la oración que viene de tu propia mente y la oración que viene de la mente de Dios. Una es egocéntrica. La otra es teocrática.

La oración legislativa verdadera siempre está alineada con la naturaleza de Dios. Siempre está alineada con su carácter. Siempre está alineada con su voluntad. Por eso es tan poderosa. No es tu voluntad siendo impuesta. Es la voluntad de Dios siendo liberada.

Esto significa que si quieres ser un centinela de oración verdadero, debes pasar tiempo no en la oración sino en el estudio de la naturaleza de Dios. Debes pasar tiempo aprendiendo quién es Dios. Cuál es su carácter. Cuál es su corazón. Cuál es su propósito.

Porque cuando conoces a Dios, entonces sabes cómo orar. No basado en lo que sientes. No basado en lo que quieres. Sino basado en quién es Él.

He visto a intercesores que son terribles en el estudio bíblico pero excelentes en la oración. Y luego he visto a estudiosos de la Biblia que son excelentes en el conocimiento pero terribles en el impacto en la oración. La verdad es que necesitas ambos.

Necesitas conocer a Dios. Y necesitas saber cómo llevar ese conocimiento al trono en oración.

El Salmo 41 habla de esto. Dice que Dios bendice a aquellos que consideran al pobre. Que Dios preservará a aquellos que cuidan de los indefensos. Que Dios dará salud a aquellos que tienen compasión.

Esto es orando la naturaleza de Dios. Es diciendo: 'Dios, tú eres un Dios de compasión. Tú eres un Dios que cuida de los indefensos. Entonces declaro sobre esta persona que está sufriendo que tu compasión será suya. Que tu cuidado será suyo. Que tu sanidad vendrá a ellos'.

Eso es poderoso. Eso es legislativo. Eso es la verdadera intercesión.

Cuando oras de esa manera, no estás pidiendo que Dios sea algo que no es. Estás pidiendo que Dios sea exactamente quién es. Estás orando en alineación con su naturaleza. Y cuando haces eso, cuando oras desde ese lugar, tu oración no puede ser negada.

Porque la oración que está en alineación con la naturaleza de Dios es la oración que debe suceder. Es la oración que creará realidad. Es la oración que traerá el cielo a la tierra.

Oración Legislativa versus Oración de Guerra

Activación y Reflexión

---

1. ¿Cuál es la diferencia entre la oración legislativa (establecer los decretos de Dios) y la oración de guerra (hacerlos cumplir)? ¿Cómo practicas actualmente ambas?

____

____

____

____

2. ¿En qué tipo de oración — legislativa o de guerra — te sientes más confiado? ¿Cuál necesita ser desarrollado en ti?

____

____

____

____

3. ¿Qué decretos espirituales te ha dado Dios para establecer sobre tu territorio? ¿Has estado declarándolos consistentemente?

____

____

____

____

4. ¿Cómo entiender la Ecclesia — la asamblea gobernante de creyentes — cambia tu visión del papel de la iglesia local en la intercesión?

____

____

____

____

5. Describe una batalla específica en tu vida o comunidad que requiere oración legislativa en lugar de guerra reactiva. ¿Cómo la abordarás?

____

____

____

____

Oración Legislativa versus Oración de Guerra

Una Oración Legislativa

Padre, vengo ante tu consejo celestial no solo como peticionaria sino como legisladora del reino. Tomo mi asiento en lugares celestiales en Cristo Jesús. Declaro que lo que has escrito en tu Palabra se mantiene como ley eterna sobre mi vida y territorio. Hago cumplir los decretos del cielo. Ato lo que has atado y desato lo que has desatado. Que venga tu reino y se haga tu voluntad en la tierra como en el cielo. En el nombre de Jesús, Amén.

Construyendo tu Caso en los Tribunales del Cielo

Hay un momento en cada vida de oración seria donde algo cambia. Dejas de suplicar y comienzas a construir. Dejas de esperar que Dios note y comienzas a presentar tu caso con la confianza de alguien que sabe que tienes un fundamento legal en lo que estás pidiendo.

Eso es lo que este capítulo trata.

Ya has aprendido sobre los tribunales del cielo. Has visto cómo funciona la oración legislativa. Entiendes el contrato de la *ecclesia* y lo que significa atar y desatar con autoridad legal. Ahora es tiempo de llevar eso a la práctica. Es tiempo de aprender cómo construir un caso. Cómo presentar evidencia. Cómo permanecer en tu puesto hasta que la justicia del cielo viene a tu vida.

Presentando la Evidencia

Cuando un abogado entra a una sala de tribunal, no entra con las manos vacías. Entra con un expediente. Evidencia.

Documentos. Precedente. Ha hecho la investigación. Ha construido el caso. Y cuando presenta ante el juez, presenta desde una posición de conocimiento, no de esperanza.

Dios es gubernamental. Nunca deja de ser Padre, pero también siempre es un Rey. Y los reyes operan a través del orden, a través del pacto, a través de la ley. Dios no es arbitrario. No actúa sobre un capricho. Actúa sobre la base del principio legal establecido.

Eso es exactamente lo que se te llama a hacer.

Cuando oras la intercesión en el nivel más alto, estás entrando en los tribunales del cielo. Estás de pie ante el Juez Supremo. Y estás presentando un caso. Estás diciendo: 'Señor, aquí está la evidencia de tu propia Palabra. Aquí está el registro de mi fidelidad del pacto. Aquí está la base legal por la cual te pido justicia'.

He visto a creyentes que aprendieron a hacer esto cambiar el curso de sus propias vidas. He visto a gente que entendió cómo construir un caso en los tribunales del cielo obtener milagros médicos cuando todos los caminos naturales estaban cerrados. He visto a familias que mantuvieron su puesto en la oración traer a sus hijos de vuelta a Dios cuando toda esperanza parecía perdida.

¿Por qué? Porque estaban construyendo un caso. Estaban presentando evidencia. Estaban operando no desde la emoción sino desde el principio legal.

La mayoría de los creyentes simplemente ruegan. Dicen: 'Dios, por favor. Estoy desesperado'. Y mientras eso es honesto, no es legal. No es un caso.

Pero cuando comprendes los principios de los tribunales del cielo, cuando aprendes a presentar evidencia, cuando comprendes que Dios opera sobre la base de la ley, entonces tu oración adquiere un poder completamente diferente.

La pregunta se vuelve: ¿Qué evidencia puedes presentar? ¿Cuál es tu caso legal? ¿Cuál es la base en la Palabra de Dios, en el pacto, en el carácter de Dios, sobre la cual estás pidiendo justicia?

Cuando aprendes a responder esas preguntas, aprendes a orar de una manera que el cielo debe responder. No porque Dios sea un tipo injusto que necesita ser convencido. Sino porque has aprendido a orar de una manera que está alineada con cómo Él gobierna.

Eso es presentar evidencia.

Eso es construir un caso.

Eso es la verdadera intercesión.

Activando el Principio del Salmo 41

Hay momentos cuando la oración sola no es la herramienta correcta para el momento. No porque la oración sea débil, sino porque la situación requiere un tipo específico de conocimiento y un tipo específico de decreto.

El Salmo 41:1-3 dice esto: 'Bienaventurado el que piensa en el pobre. Jehová lo librará en tiempo de angustia. Jehová lo preservará, y le dará vida. Será bienaventurado en la tierra, y no lo entregarás a la voluntad de sus enemigos. Jehová lo sustentará sobre el lecho del dolor. Cambiarás todo su lecho en su enfermedad'.

Jesús comprendió este principio y lo usó estratégicamente.

En Mateo 25, Jesús habla del juicio final. Dice que aquellos a su derecha son bendecidos porque consideraron a los pobres. Aquellos a su izquierda son juzgados porque no lo hicieron. El principio es tan simple que casi lo pasamos por alto. La compasión hacia los que sufren activa el favor del cielo.

Ahora, esto no significa que si oras por los pobres todo será fácil. Significa que cuando oras por los pobres, cuando tienes compasión por los que sufren, activas un principio legal en los cielos que significa que Dios está obligado a actuar en tu favor.

¿Obligado? Sí. Porque Dios opera sobre principios. Y el principio del Salmo 41 es que aquellos que tienen compasión recibirán compasión. Aquellos que defienden al débil serán defendidos. Aquellos que consideran al pobre serán considerados.

Esto es lo que significa activar el principio. No es magia. Es ley. Es el fundamento legal sobre el cual Dios gobierna.

Cuando comprendes esto, comprendes que tu compasión no es una debilidad. Es un poder. Que tu disposición a estar de pie por los que no pueden levantarse es una verdadera intercesión. Que tu consideración por los pobres abre las puertas del cielo.

La mayoría de los creyentes nunca hacen esta conexión. Piensan que la compasión es solo un sentimiento bonito. Pero es una ley. Es un principio. Es la base legal sobre la cual Dios ha dicho que actuará.

Cuando aprendes a activar ese principio a través de tu oración, aprendes a orar de una manera que el cielo no puede ignorar.

Recordándole a Dios de tu Propósito

Hay un tipo específico de oración que lleva poder inusual. Es la oración de una persona que está de pie ante Dios y dice, 'Aún no he terminado'. Es la oración que sale de alguien que sabe que Dios le dio un propósito, que ese propósito aún no está cumplido, y que la muerte, la enfermedad, la pobreza o el enemigo no van a ser lo que termina la historia.

El propósito es lo que te mantiene vivo. Eso no es una metáfora. Es una realidad espiritual. Cuando Dios escribe un libro sobre tu vida antes de que nazcas, cuando Él decreta un propósito para ti, eso se convierte en la base legal sobre la cual puedes hacer reclamos en los cielos.

Hay una historia en 2 Reyes 4 que captura esto perfectamente. Una mujer sunamita había recibido una promesa profética de que tendría un hijo. El hijo fue dado. Pero luego, un día, el hijo murió. La mujer fue a Eliseo el profeta y no le pidió que orara porque fuera un buen hombre. Le dijo: 'Yo le había pedido a ti que me dieras un hijo, y tú me lo profetizaste. ¿Y ahora me lo quitarás?'

¿Ves lo que acaba de suceder? Ella no estaba suplicando. Estaba recordándole al profeta de su propio acuerdo. Estaba presentando el caso legal. Y como resultado, el hijo fue resucitado.

Este es el poder de recordarle a Dios de tu propósito. No porque Dios lo haya olvidado. Es porque hay un principio legal en los cielos por el cual cuando invocas el acuerdo que Dios hizo contigo, cuando recuerdas el propósito que fue profetizado, cuando de pie sobre esa base legal, activas el poder del cielo a tu favor.

He visto a gente en su lecho de muerte recurrir a este principio y recuperar su salud. He visto a personas a quienes se les había dicho que nunca podrían tener hijos usar este principio y concebir. He visto a personas cuyas carreras parecían haber terminado invocar el propósito de Dios y ser restauradas a posiciones de influencia.

¿Por qué funcionó? Porque estaban operando desde un fundamento legal. Estaban diciendo: 'Dios, Tú profetizaste esto sobre mi vida. Tú dijiste que esto sucedería. Y estoy recordándote de tu acuerdo. Y estoy pidiendo que cumplas lo que dijiste'.

Eso no es un error. Eso es la verdadera intercesión. Eso es recordarle a Dios de su propio carácter, su propio pacto, su propio propósito para tu vida.

Cuando aprendes a orar de esa manera, cuando aprendes a pararte sobre la base legal del propósito de Dios para tu vida, aprendes a orar de una manera que el cielo debe responder. No porque estés siendo arrogante. Sino porque estás invocando la verdad del acuerdo que Dios hizo contigo.

Y eso es suficiente para cambiar todo.

La pregunta es: ¿Sabes cuál es tu propósito? ¿Sabes qué promesa Dios hizo sobre tu vida? ¿Y estás dispuesto a recordarle a Dios de ese acuerdo hasta que se cumpla?

Porque si estás dispuesto, entonces el cielo debe responder. Debe. Por ley.

Tu Caso, tu Puesto, tu Avance

Todo en este capítulo ha estado avanzando hacia una realidad práctica. Puedes construir un caso ante los tribunales del cielo que produzca resultados reales, específicos y que cambien tu vida.

Construir un caso es el trabajo de un centinela que ha tomado su puesto en serio. Es el resultado natural de todo lo que has estado aprendiendo. Sabes que tienes autoridad. Sabes que puedes legislar. Sabes que la oración de la *ecclesia* es poderosa. Y ahora aprendes cómo usar todo eso de una manera práctica.

El resumen es simple. Presentar evidencia significa llevar la Palabra específica de Dios y el registro de tu fidelidad de pacto ante el Juez como la base para lo que estás pidiendo. Activar el principio del Salmo 41 significa desarrollar una vida de compasión que se convierte en el fundamento legal sobre el cual Dios actúa en tu favor. Recordarle a Dios de tu propósito significa comprender que cuando Dios profetizó sobre tu vida, creó una base legal que puedes invocar.

Tomar tu puesto significa que comienza a vivir como si ya hubieras ganado. No en negación de la realidad. Sino en fe en la realidad del cielo. Significa orar desde el lugar de uno que sabe que tiene un caso. Significa levantarse día tras día como centinela y declarar sobre tu vida, tu familia, tu asignación, la voluntad de Dios.

He visto a gente que aprendió a hacer esto cambiar completamente el curso de sus vidas. No porque sucedió un milagro un día. Sino porque aprendieron a vivir como centinelas. A construir un caso. A tomar su puesto.

Y cuando lo hicieron, cuando realmente lo hicieron, el cielo comenzó a responder. Las circunstancias comenzaron a cambiar. Las puertas que parecían cerradas se abrieron. La sanidad vino. La provisión vino. El avance vino.

¿Por qué? Porque estaban operando de una manera que el cielo no podía ignorar. Estaban orando de una manera que estaba alineada con la ley del cielo. Estaban toman su puesto.

Así que la pregunta final es: ¿Tomarás tu puesto? ¿Construirás tu caso? ¿Te levantarás como centinela de intercesión y declararás la voluntad del cielo sobre la tierra hasta que veas el avance en tu vida?

Porque si lo haces, puedes cambiar el curso de tu vida. Puedes cambiar el curso de tu familia. Puedes cambiar el curso de tu generación.

Todo lo que necesitas es un caso, un puesto y la fe para permanecer hasta que el avance llegue.

Construyendo tu Caso en los Tribunales del Cielo

Activación y Reflexión

---

1. ¿Qué casos específicos necesitas presentar ante los Tribunales del Cielo ahora mismo — por ti misma, tu familia o tu territorio?

____

____

____

____

2. ¿Qué evidencia de la Palabra de Dios traerás ante los tribunales celestiales para apoyar tu petición?

____

____

____

____

3. ¿Has identificado bases legales que el enemigo puede estar usando en tu contra? ¿Qué debe ser arrepentido y revocado?

____

____

____

____

4. ¿Cómo acercarse a Dios como Juez Justo — en lugar de solo como Padre — profundiza y expande tu vida de oración?

5. Escribe un breve 'resumen legal' para una situación sobre la que estés intercediendo actualmente: establece la promesa, la evidencia y tu petición.

Construyendo tu Caso en los Tribunales del Cielo

Una Oración en los Tribunales del Cielo

Juez Justo y Padre amoroso, me acerco a tu tribunal celestial con confianza a través de la sangre de Jesús. Presento tu Palabra como evidencia — tu pacto, tus promesas y tu fidelidad. Cancelo toda acusación que el enemigo ha traído ante ti contra mi vida, mi familia y mi asignación. Que el veredicto del cielo sea liberado en la tierra. Recibo tu sentencia con fe y acción de gracias. En el nombre de Jesús, Amén.

CAPÍTULO NUEVE

Los Tres Espíritus en el Muro

En el momento en que dices sí a estar de pie en el muro, algo cambia en el reino del espíritu. No es tu imaginación. No es coincidencia. El enemigo sabe exactamente a qué te has comprometido, y responde con una estrategia más antigua que tú. No viene con algo nuevo. Viene con los mismos tres espíritus que envió contra Nehemías hace miles de años cuando un hombre de Dios se atrevió a reconstruir lo que había sido quebrantado. Y esos tres espíritus siguen trabajando hoy con el mismo objetivo que siempre han tenido: sacarte del muro.

Nehemías era un constructor. Tenía una asignación dada por Dios para reconstruir los muros de Jerusalén, muros que habían sido derribados y dejados en ruinas. No vino con un ejército. Vino con una carga y un plano. Y en el momento en que comenzó a construir, apareció la oposición. No fue oposición aleatoria. Oposición dirigida, estratégica y de múltiples frentes diseñada para apartarlo de su puesto antes de que se pudiera completar el muro. Tres fuerzas específicas vinieron contra él. Sanbalat. Tobías. Y los asdodeos. Tres espíritus. Tres tácticas distintas. Un objetivo.

Necesitas conocer a los tres por nombre.

Porque la unción *Shamar* que llevas sobre tu familia y tu ciudad te hace un blanco. Un centinela que no sabe qué viene hacia él es un centinela que puede ser sorprendido bajando del muro. Pero un centinela que puede nombrar el espíritu, identificar la táctica y responder con el arma correcta se mantiene en su lugar. Siguen construyendo. Siguen orando. Siguen estando en la brecha sin importar qué venga contra ellos. De eso se trata este capítulo.

Sanbalat: El Espíritu del Desánimo

Sanbalat fue el primero en aparecer en la historia de Nehemías. No vino con una espada. Vino con palabras. Específicamente, vino con preguntas diseñadas para hacer que Nehemías dudara del valor de lo que estaba haciendo. Dijo cosas como: "¿Qué están haciendo estos judíos débiles? ¿Restaurarán las cosas? ¿Ofrecerán sacrificios? ¿Terminarán en un día? ¿Revivirán las piedras de los montones de basura?" Cada pregunta era una semilla de desánimo plantada en el suelo de la asignación de Nehemías. Y así es exactamente cómo opera este espíritu hoy.

El espíritu de Sanbalat no ataca tu cuerpo. Ataca tu motivación. Va tras la convicción interior que te hace seguir presentándote en el muro cuando nada visible está sucediendo. Susurra las mismas cosas que le susurró a Nehemías. "Mira cuánto tiempo llevas orando. No estás viendo nada. ¿Por qué sigues haciendo esto? ¿Cuál es el punto?" Si has estado en intercesión durante cualquier período serio, conoces esa voz. La has escuchado. Tal vez la has creído durante una temporada.

Esa voz es una mentira. Pero es una muy convincente.

La razón por la que Sanbalat es tan efectivo es que no inventa completamente las cosas. Toma un sentimiento real, el cansancio que viene de la intercesión consistente, el silencio de una temporada donde no puedes ver resultados, el peso de orar por la misma persona año tras año sin cambio visible, y usa ese sentimiento real para construir una conclusión falsa. Toma "estoy cansado" y lo convierte en "esto es inútil". Toma "aún no he visto resultados" y lo convierte en "nunca los veré". Toma la brecha entre dónde estás y dónde estás creyendo y la llena con la sugerencia de que la brecha nunca se cerrará.

Entender esto lo es todo. El desánimo no es un fracaso personal. Es un ataque espiritual. Es un movimiento táctico de un enemigo que sabe que un centinela desanimado es uno inefectivo. Cuando estás desanimado, oras menos. Te presentas menos. Crees menos. Y un centinela que ha sido sacado del muro a través del desánimo es exactamente lo que el enemigo necesita para avanzar sus planes en tu esfera sin resistencia.

Piensa en un escenario hipotético. Considera a una mujer llamada Adrienne, una intercesora de 37 años que ha estado en la brecha por su matrimonio durante tres años. Se despierta temprano. Ora. Ayuna. Decreta. Pero desde afuera, las cosas se ven igual o peor. La tensión no ha levantado. Su esposo no ha cambiado. Y después de tres años de intercesión fiel y consistente, la voz de Sanbalat comienza a volverse más fuerte. "Nada se está moviendo. Estás perdiendo tu tiempo. Tal vez este matrimonio simplemente se acabó". Esa voz no viene de Dios. No viene de la sabiduría. Viene de un espíritu cuya asignación completa es hacer que Adrienne se aleje de su puesto antes de que llegue el avance. Porque Sanbalat siempre aparece más fuerte justo antes de que se construya el muro. Eso no es coincidencia. Es estrategia.

El enemigo intensifica el desánimo en las temporadas más cercanas al avance porque sabe que el muro casi está completo. Sabe que si puede sacarte del muro en la recta final, gana. Así que cuando la voz de Sanbalat se vuelve más fuerte, no la interpretes como una señal de que nada está sucediendo. Interprétala como una señal de que algo está a punto de suceder. La presión aumenta antes del avance, no después.

Ahora bien, así es cómo luchas contra este espíritu específicamente. No luchas contra el desánimo con más esfuerzo. Lo luchas con verdad hablada en voz alta. La respuesta de Nehemías a Sanbalat no fue argumentar o explicarse a sí mismo. Oró y siguió construyendo. No bajó del muro para tener una conversación con su desanimador. Se mantuvo en su puesto. Ese es el modelo. Pero también necesitas un arma específica para silenciar la voz de "para qué molestarse", y esa arma es un decreto de guerra construido directamente en la Palabra de Dios.

Cuando el espíritu de Sanbalat viene contra ti con desánimo sobre tu asignación, habla este decreto en voz alta: "Decreto que mi labor en el Señor no es en vano, según 1 Corintios 15:58. Rechazo el espíritu del desánimo en el nombre de Jesús. Mi asignación no se mide por lo que puedo ver en este momento. Está establecida por lo que Dios declaró antes de que yo naciera. Aún estoy en el muro. Aún estoy construyendo. No bajaré." Dilo en voz alta. No en tu mente. En voz alta. El decreto hablado es lo que empuja el espíritu de Sanbalat hacia atrás. Es lo que mantiene tus pies plantados en el muro cuando todo en ti quiere alejarse.

También hay una disciplina práctica que te protege contra la estrategia a largo plazo de Sanbalat. Mantén un registro de lo que Dios ya ha hecho en tu esfera. Escribe cada oración respondida, cada cambio que has visto, cada momento donde algo se movió que sabes fue el resultado de tu intercesión. Cuando la voz del desánimo viene y dice que no estás viendo nada, abre ese registro. Léelo en voz alta. Recuérdate a ti mismo y al reino del espíritu lo que ya ha sido establecido a través de tus oraciones. Un centinela que mantiene un registro de la fidelidad de Dios tiene un arma que Sanbalat no puede tocar. Porque no puedes argumentar con una historia documentada de avance.

El espíritu de Sanbalat quiere que midas tu efectividad por lo que puedes ver en este momento. Pero el centinela *Shamar* mide la efectividad por fidelidad al puesto. No fuiste llamado a producir resultados visibles en un cronograma que controlas. Fuiste llamado a estar en la brecha y seguir construyendo hasta que Dios diga que el muro está completo. Mantente en el muro.

Tobías: El Espíritu de la Calumnia

Después de Sanbalat vino Tobías. Y si el ataque de Sanbalat fue interno, dirigido a tu motivación, el ataque de Tobías es externo, dirigido a tu reputación. Tobías era un burlador. No solo cuestionó el trabajo. Se burló del trabajador. En Nehemías 4:3, dijo: "Incluso lo que están construyendo, si un zorro sube en él derribará su muro de piedra". Estaba diciendo que todo lo que Nehemías estaba construyendo era tan débil, tan inútil, que incluso un pequeño animal podría derribarlo. Estaba atacando no solo el proyecto sino la persona detrás de él. Y eso es exactamente lo que el espíritu de Tobías hace a los centinelas hoy.

El espíritu de calumnia viene a desacreditarte. Su objetivo no es solo herir tus sentimientos. Su objetivo es mucho más específico y mucho más peligroso. Quiere hacer que la gente en tu esfera sea incapaz de recibir de la unción que llevas. Piensa en eso. Si el enemigo puede conseguir que la gente que estás asignado a guardar dude quién eres, que cuestione tu carácter, que te descarte como indigno de confianza, entonces tu intercesión por ellos pierde su peso relacional. La gente que necesita lo que llevas deja de poder recibirlo. Y el enemigo gana sin tener que confrontar la unción directamente. Solo desacredita el recipiente que la lleva.

Por eso el espíritu de Tobías siempre ataca el carácter. No solo el comportamiento. Carácter. Difunde historias. Destaca errores pasados. Saca las cosas de contexto. Pone una narrativa a tu alrededor que te pinta como no calificado, indigno de confianza o hipócrita. Y lo hace más agresivamente justo cuando Dios está a punto de usarte de una manera significativa. Porque si puede conseguir que la gente te descarte antes de que reciban de ti, la unción que llevas nunca los alcanza.

Lo más importante para entender sobre la táctica de Tobías es esto: su objetivo nunca es solo herirte. Su objetivo es cortar a la gente en tu esfera de lo que Dios puso en ti para ellos. Cuando alguien calumnia a un centinela, no solo están atacando a una persona. Están atacando la línea de suministro espiritual que esa persona representa a todos en su *metron*. El enemigo sabe que si puede conseguir que la gente rechace el recipiente, rechazan la unción. Y una unción rechazada no puede guardar a nadie.

La respuesta de Nehemías a Tobías es una de las cosas más instructivas en todo el libro. No dejó de construir para defenderse. No escribió una carta explicando su carácter. No reunió a la gente para aclarar el registro. Oró. Dijo: "Escucha, oh nuestro Dios, cómo somos despreciados". Llevó el ataque a Dios y luego siguió construyendo. Se negó a dejar que la burla de Tobías lo sacara del muro y lo metiera en una defensa pública de sí mismo. Porque entendió algo que cada centinela necesita entender: en el momento en que bajas del muro para defender tu reputación, ya has perdido la batalla. Le has dado al enemigo exactamente lo que quería. Has dejado de construir y empezado a actuar para una audiencia que nunca fue se suponía que debía ser tu juez.

Dios es tu juez. Su opinión de ti es la única que tiene peso legal en el espíritu. Lo que Tobías dice de ti no tiene autoridad en el cielo. Los tribunales del cielo no te evalúan basándose en la calumnia de tu enemigo. Te evalúan basándose en el registro de tu fidelidad y la justicia de Cristo que te cubre. Cuando sabes eso, la calumnia pierde su poder para sacarte del muro.

Pero sí necesitas una respuesta específica al espíritu de Tobías cuando viene. Aquí es lo que se ve así en la práctica. Cuando te enteras de que se está difundiendo calumnia sobre ti, haz tres cosas en este orden. Primero, ora específicamente contra el espíritu detrás de ella. No ores contra la persona. Ora contra el espíritu de calumnia y difamación que la está usando. Di en voz alta: "Ato el espíritu de Tobías que está operando contra mi llamado y mi carácter en este momento en el nombre de Jesús. Decreto que cada mentira hablada contra mí cae al suelo y no produce fruto. Decreto que la gente que Dios ha asignado a recibir de mi unción está protegida de este engaño y que sus oídos permanecen abiertos a lo que Dios puso en mí para ellos". Ese es un decreto dirigido contra el objetivo específico del espíritu, que es cortar tu esfera de lo que llevas.

Segundo, niégate a hacer que defenderte a ti mismo sea tu ocupación principal. Puedes abordar una mentira específica si la sabiduría lo requiere. Pero no dejes que se convierta en tu enfoque. No dejes que la narrativa de Tobías sea la cosa por la que eres más conocido por hablar. Mantente enfocado en la asignación. Sigue construyendo. El muro subiendo es una mejor defensa de tu carácter que cualquier cosa que puedas decir en tu propia defensa.

Tercero, mantén tu identidad anclada en lo que Dios dice de ti. No lo que se siente verdadero en el momento del ataque. Lo que Dios declaró sobre ti antes de que nacieras. Lee el Salmo 139 en voz alta sobre ti mismo cuando el espíritu de calumnia es fuerte. Lee Isaías 54:17 en voz alta: "Ninguna arma forjada contra ti prosperará, y toda lengua que se levante contra ti en juicio la condenarás". Eso no es pensamiento positivo. Es un decreto legal de los tribunales del cielo sobre lo que se permite que logre la calumnia en tu vida. No puede prosperar. No porque seas perfecto.

Porque la sangre de Jesús te cubre y la asignación que Dios te dio está sellada en los libros del cielo.

El espíritu de Tobías es más peligroso cuando dejas que te haga estar más preocupado por tu reputación que por tu asignación. Un centinela que gasta toda su energía manejando lo que la gente piensa de él no tiene energía dejada para guardar la puerta. Mantente enfocado en lo que Dios te llamó a hacer. Deja que Él maneje tu reputación. Es mejor que tú en eso.

El Espíritu Asdodeo: El Espíritu de la Confusión

El tercer espíritu es el más sutil de los tres. Sanbalat ataca tu motivación. Tobías ataca tu reputación. Pero el espíritu asdodeo ataca algo aún más fundamental. Ataca tu mente. Específicamente, ataca tu capacidad de pensar claramente sobre tu llamado, tu identidad y tu asignación. Trae una niebla a tu pensamiento tan espesa que ya no puedes mantener lo que Dios te dijo. Comienzas a dudar de lo que una vez fue claro. Cuestionas lo que Dios específicamente dijo. Te sientes desconectado de la certeza que solía anclar tu vida de oración. Ese es el espíritu asdodeo en acción.

En Nehemías 4:7-8, los asdodeos se unieron con Sanbalat y Tobías y conspiraron para luchar contra Jerusalén y causar confusión. Esa palabra es importante. Confusión. No solo oposición. No solo guerra. Confusión. El objetivo no era derrotar a Nehemías por la fuerza. Era nublar su pensamiento tan mal que no pudiera funcionar efectivamente en su asignación. Un centinela confundido no puede escuchar claramente del cielo. Un intercesor confundido no puede orar con precisión. Un guardián confundido no puede identificar qué viene a través de la puerta porque todo se ve igual a través de la niebla.

Este espíritu ataca lo que podría llamarse la puerta de la mente. De la misma manera que Jerusalén tenía puertas físicas que controlaban qué entraba y salía de la ciudad, tu mente tiene una puerta. Tu capacidad de pensar claramente, escuchar de Dios con precisión, mantener la verdad de tu llamado, todo eso fluye a través de la puerta de la mente. Y la asignación completa del espíritu asdodeo es comprometer esa puerta. Para inundarla con tanto ruido, duda y niebla mental que ya no puedas distinguir la voz de Dios de la del enemigo. Ya no puedes mantener una imagen clara de lo que Dios te dijo que hicieras. Te sientes espiritualmente disperso, incapaz de enfocarte, incapaz de orar con ningún sentido de dirección.

Uno de los signos más reconocibles de que el espíritu asdodeo está operando contra ti es cuando de repente no puedes recordar por qué estás haciendo lo que estás haciendo. Has sido un centinela. Has estado en la brecha. Y luego un día te despiertas y todo se siente distante e incierto. La claridad que tenías se ha ido. La convicción que solía alimentar tu intercesión se siente hueca. No estás en pecado. No te has alejado de Dios. Pero algo ha nublado tu capacidad de ver tu asignación claramente. Eso no es una crisis espiritual. Es un ataque espiritual. Y requiere una respuesta específica.

El espíritu asdodeo también funciona a través de la sobrecarga de información. Inunda tu mente con tantas voces, tantas opiniones, tantas cosas conflictivas, que no puedes escuchar la única voz que importa. En la era en que vivimos, este espíritu tiene más herramientas que nunca. Redes sociales. Ciclos de noticias. Ruido constante. Un centinela que no guarda la puerta de su mente contra esta inundación de información encontrará su claridad espiritual erosionando lentamente, casi imperceptiblemente, hasta que un día se dan cuenta de que no han escuchado de Dios claramente en semanas. No porque Dios dejara de hablar. Porque el ruido se volvió demasiado fuerte.

Aquí es cómo reconoces este espíritu operando contra ti de una manera específica. Notarás tres cosas sucediendo al mismo tiempo. Primero, tu vida de oración comienza a sentirse mecánica y seca aunque no hayas cambiado tus hábitos. Segundo, comienzas a cuestionar cosas específicas que Dios te dijo en el pasado, cosas que eran claras y resueltas, pero ahora se sienten inciertas. Tercero, te sientes mentalmente disperso de una manera que hace difícil enfocarse durante la oración o mantener un pensamiento claro sobre tu asignación por más de algunos minutos. Cuando las tres cosas están sucediendo juntas, eso no es una temporada de sequedad espiritual. Eso es el espíritu asdodeo atacando la puerta de tu mente.

El arma contra este espíritu es la confesión verbal de verdad. No solo pensar pensamientos verdaderos. Hablarlos en voz alta. La razón por la que esto importa está enraizada en cómo Dios diseñó la palabra hablada para funcionar en el espíritu. Cuando Jesús estaba en el desierto y el enemigo vino contra Él con confusión y distorsión, no se involucró en un debate interno. Habló. "Escrito está". Tres veces. Tres confesiones directas y verbales de la verdad de la Palabra de Dios contra la distorsión específica que el enemigo presentaba. No intentó superar en pensamiento al enemigo. Lo superó en palabras. Y el enemigo se fue.

Ese es tu modelo para romper el espíritu asdodeo. Cuando viene la niebla de confusión, no te sientas en ella y esperes que se levante. Hablas verdad en voz alta hasta que la niebla se rompa. Específicamente, hablas verdad sobre tres cosas: tu identidad, tu asignación y tu capacidad de escuchar de Dios. Aquí hay un decreto de guerra específico para el espíritu asdodeo que puedes hablar en voz alta hoy: "Decreto que tengo la mente de Cristo según 1 Corintios 2:16. Ato cada espíritu de confusión y niebla mental operando contra mi pensamiento en este momento en el nombre de Jesús. La puerta de mi mente está bajo la sangre de Jesús y nada que traiga confusión tiene acceso legal a ella. Puedo escuchar a Dios claramente. Sé mi asignación. Sé quién soy. El llamado que Dios puso en mi vida antes de que naciera sigue siendo activo y sigue siendo claro, y ningún espíritu de confusión puede nublar lo que el cielo ha escrito sobre mí". Hablalo en voz alta. Hablalo lentamente.

Hablalo con convicción. La niebla no se levanta porque te sientas mejor. Se levanta porque hablaste verdad en ella con autoridad.

También hay una disciplina práctica para guardar la puerta de la mente contra el espíritu asdodeo a largo plazo. Es la disciplina de la revisión. Una vez a la semana, siéntate con tu diario y escribe en una o dos oraciones la asignación específica que Dios te ha dado en este momento. No un ensayo teológico. Una o dos oraciones. Cuanto más clara y específica, mejor. Luego léela de nuevo en voz alta. Esta práctica hace dos cosas. Mantiene tu asignación afilada y clara en tu propio pensamiento. Y crea un punto de control regular donde puedas notar si el espíritu asdodeo ha estado erosionando lentamente tu claridad sin que te des cuenta. Si te sientas para escribir esa una o dos oraciones y no puedes hacerlo, esa es una señal. Eso es cuando sabes que la puerta de la mente ha sido comprometida y necesitas retroceder con confesión verbal de verdad hasta que la claridad regrese.

El espíritu asdodeo no puede sobrevivir en una atmósfera de verdad consistente, específica y hablada. Prospera en el silencio, en la pasividad, en el pensamiento no examinado. Pero cuando comienzas a hablar verdad sobre tu identidad, tu asignación y tu capacidad de escuchar a Dios, el espíritu de confusión se desmorona. La niebla se levanta. La claridad regresa. Y un centinela claro es un centinela efectivo.

Luchando con Ambas Manos

Nehemías enfrentó a los tres espíritus con una estrategia de dos manos. Con una mano, construía. Con la otra, se defendía. En Nehemías 4:17, se registra: "Cada uno de los constructores llevaba su espada ceñida a su costado mientras construía". No eran dos actividades separadas. Era una cosa. Construir y defender. Defensa y construcción. El trabajo y la guerra. Juntos.

Eso es lo que significa luchar contra los tres espíritus mientras mantienes tu asignación de intercesión. No detienes de orar para pelear contra el enemigo. Y tampoco ignoras la guerra espiritual mientras oras. Haces ambas cosas. Construyes y te defiendes. Oras y decretas. Buscas a Dios y nombras al espíritu. Es una cosa. Una estrategia de mano doble.

La razón por la que esto es importante es que si solo oras y no nombras lo que está en tu contra, dejas de participar activamente en tu propia liberación. La intercesión es tu obra. El decreto de guerra es tu arma. La confesión de verdad es tu espada. No puedes solo orar pasivamente y esperar que Dios maneje la batalla por ti. Dios ha hecho Su parte. Te ha dado autoridad. Te ha dado el nombre de Jesús. Te ha dado Su Palabra. Te ha dado el poder del Espíritu Santo. Ahora debes hacer tu parte. Debes hablar. Debes decretar. Debes comandar.

Esto es especialmente importante porque los tres espíritus no vienen contra ti de una en una. Vienen juntos.

Sanbalat ataca tu motivación mientras Tobías ataca tu reputación y el espíritu asdodeo nubla tu mente. Son ataques coordinados de tres frentes. Y si solo respondes a uno de ellos, los otros dos progresan sin oposición. Necesitas una estrategia que maneje a los tres al mismo tiempo. Eso es lo que significa luchar con ambas manos.

Con una mano, mantienes tu enfoque en la oración. Tu intercesión por tu familia, tu ciudad, tu esfera. Ese es el trabajo. Ese es el muro que estás construyendo. Con la otra mano, respondes a cada ataque espíritu específico con un decreto específico. Sanbalat obtiene un decreto sobre la verdad de tu labor. Tobías obtiene un decreto sobre la verdad de tu carácter. El espíritu asdodeo obtiene un decreto sobre la verdad de tu mente. Juntos, estos decretos mantienen el enemigo fuera de tu puesto mientras continúas con la obra de intercesión.

La disciplina de luchar con ambas manos significa que tu vida de oración no se vuelve principalmente defensiva. No estás pasando todo tu tiempo en la batalla. Estás dividiendo tu tiempo. Algunos en la construcción. Algunos en la defensa. Algunos en la intercesión. Algunos en el decreto. Y todo está integrado. No son dos cosas. Es una cosa. Una estrategia.

Aquí está cómo estructurar esto en tu vida real. Dedica el 80 por ciento de tu tiempo de oración dedicado a la intercesión a la que Dios te ha llamado. Ese es el muro. Ese es el trabajo. Dedica el 20 por ciento a los decretos de guerra. Esos son los decretos contra los tres espíritus. Algunos días necesitarás ajustar esa proporción dependiendo de la intensidad del ataque. Pero el principio es el mismo. El trabajo viene primero. La defensa respalda el trabajo.

La razón por la que digo 80/20 en lugar de 50/50 es porque el objetivo del enemigo es hacerte invertir todos tus recursos en la batalla. Si puede hacer eso, entonces no estás construyendo. Y si no estás construyendo, entonces el muro no se está levantando. Y si el muro no se está levantando, entonces el enemigo gana. Así que no caiga en la trampa de hacer que tu vida de oración sea principalmente guerra. La guerra es importante. Los decretos son importantes. Pero la intercesión es primaria. El muro es lo que importa.

Cuando luchas con ambas manos, el enemigo no puede detenerte. Puede atacar tu motivación, pero estás construyendo. Puede atacar tu reputación, pero estás construyendo. Puede nublar tu mente, pero estás construyendo. Y todo lo que está haciendo es crear un registro de ataques que no tuvieron éxito. Cada ataque fallido fortifica tu fe. Cada decreto que hablaste te hizo más fuerte. Cada momento donde rechazaste la mentira y hablaste la verdad estableció un precedente en el reino del espíritu que el enemigo no puede borrar. Y cuando el muro finalmente se complete, todos esos decretos, toda esa guerra, toda esa defensa, se convertirá en la armadura de protección que rodea tu esfera para siempre.

Lucha con ambas manos. Construye y defiéndete. Ora y decreta. Mantente en el muro.

Decretos de Guerra y Tus Próximos Pasos

Ahora que entiendes cómo funcionan los tres espíritus y cómo luchar contra ellos, necesitas tener los decretos de guerra exactos que hablarás en voz alta. No sugerencias. Decretos específicos. Palabras exactas. Porque la precisión en el decreto espiritual importa. No es la intensidad con la que grites. Es la precisión de lo que decretas. No es cuánto tiempo ores. Es la verdad de lo que hables.

Aquí están los decretos de guerra para los tres espíritus. Puedes hablarlos todos juntos cada día, o puedes designar un día específico para cada uno. Si sientes que un espíritu en particular es más activo contra ti en este momento, puedes enfocarte en ese decreto específicamente. Pero no elimines completamente los otros dos. Los tres están trabajando. Necesitas direccionarte a los tres.

Decreto contra Sanbalat (El Espíritu del Desánimo): "Decreto que mi labor en el Señor no es en vano, según 1 Corintios 15:58. Cada momento que he pasado en intercesión ha contado. Cada palabra que he hablado en la brecha ha sido registrada en el cielo. Rechazo el espíritu de desánimo en el nombre de Jesús. Mi motivación está anclada no en lo que puedo ver, sino en lo que Dios ha declarado. Mi asignación no es medida por resultados visibles en un cronograma que yo controlo. Es establecida por lo que Dios declaró antes de que yo naciera. Sigo estando en el muro. Sigo construyendo. No bajaré."

Decreto contra Tobías (El Espíritu de la Calumnia): "Ato el espíritu de Tobías, el espíritu de calumnia y difamación que está operando contra mi llamado y mi carácter en el nombre de Jesús. Decreto que cada mentira hablada contra mí cae al suelo. Decreto que no lleva ningún fruto. Decreto que la gente que Dios ha asignado a recibir de mi unción está protegida de este engaño. Sus oídos permanecen abiertos a lo que Dios puso en mí para ellos. Según Isaías 54:17, ninguna arma forjada contra mí prosperará. Mi identidad está en Cristo. Mi carácter está bajo la sangre de Jesús. Nada que Tobías haya dicho tiene autoridad legal en los tribunales del cielo. Sigo construyendo. Mi reputación está en las manos de Dios."

Decreto contra el Espíritu Asdodeo (El Espíritu de la Confusión): "Decreto que tengo la mente de Cristo según 1 Corintios 2:16. Ato cada espíritu de confusión, cada espíritu de niebla mental, cada voz que intenta nublar mi pensamiento en este momento en el nombre de Jesús. La puerta de mi mente está bajo la sangre de Jesús y el escudo de fe que llevo. Nada que traiga confusión, nada que contradiga la Palabra de Dios, tiene acceso legal a mi pensamiento. Puedo escuchar a Dios claramente. Conozco mi asignación. Conozco quién soy. El llamado que Dios puso en mi vida está escrito en los libros del cielo. Es claro. Es cierto. Y ningún espíritu de confusión puede nublarlo."

Tus próximos pasos son simple pero no fácil. Primero, elige hoy cuál de los tres espíritus se siente más activo contra ti en este momento. Es probable que sea más de uno. Está bien. Pero probablemente sientas que uno es más agresivo que los otros. Ese es el que necesitas enfocarte primero. Segundo, habla el decreto contra ese espíritu en voz alta. No en tu cabeza. En voz alta. Cada palabra. Cada frase. Convicción. Tercero, haz esto cada día durante una semana. Cada mañana. O cada noche. Elige un tiempo. Mantente consistente. En una semana, pasarás de sentir que estás siendo atacado a saber que estás bajo la protección y el poder del nombre de Jesús.

En la segunda semana, añade el segundo espíritu. Habla ambos decretos. Juntos. Luego la tercera semana, añade el tercero. Ahora estás dirigiéndote a los tres. Y estás construyendo resistencia espiritual. Estás reentrenando tu mente para pensar en términos de decreto. Estás reentrenando tu espíritu para responder a los ataques con verdad hablada.

Esto no es magia. No es pensamiento positivo. Es guerra espiritual basada en la autoridad que tienes en Jesús. Es el ejercicio activo del poder que fue otorgado a cada creyente. Es la razón por la que fuiste dado el nombre de Jesús. No para sentirlo bueno. Para ejercer autoridad con él. Hazlo.

Lo último que debes hacer es establecer una alarma en tu teléfono para la próxima vez que leas este capítulo.

Dentro de treinta días. Cuando regreses, releerás esto. Verás cómo los decretos han funcionado. Notarás dónde el enemigo ha intentado volver. Y tendrás claridad sobre lo que necesitas hacer a continuación. Este no es un capítulo que lees una vez. Es un manual de guerra. Vuelve a él. Vive según él. Enséñalo. Y mira cómo los muros se construyen en tu esfera.

Los Tres Espíritus en el Muro

Activación y Reflexión

---

1. ¿Dónde ha atacado el espíritu de Sanbalat (desánimo) más efectivamente tu vida intercesora? ¿Cómo respondiste o responderás?

____

____

____

____

2. ¿Has experimentado el espíritu de Tobía (difamación y acusación) trabajando para detener tu asignación de oración? ¿Cuál fue la fuente y cómo lo manejaste?

____

____

____

____

3. ¿Dónde el espíritu asodita (confusión y mezcla espiritual) ha creado compromiso o ha diluido la efectividad de tus oraciones?

____

____

____

____

4. ¿Cómo el enfoque de Nehemías — armar a los trabajadores con armas mientras construían — se aplica a tu estrategia de oración actual?

____

____

____

____

5. ¿Qué decretos de guerra específicos declararás sobre tu vida esta semana contra estos tres espíritus enemigos?

____

____

____

____

Los Tres Espíritus en el Muro

Una Oración de Guerra Espiritual

Señor Dios de los ejércitos, identifico y renuncio a los espíritus de desánimo, difamación y confusión que han venido contra mi puesto. No bajaré del muro para negociar con el enemigo. Tomo la Palabra de Dios como mi arma y decreto: ningún arma forjada contra mi asignación prosperará. Toda lengua de acusación es condenada. La confusión del enemigo no tiene lugar en mi mente o ministerio. Construyo y peleo — simultáneamente — por tu Espíritu. En el nombre de Jesús, Amén.

CAPÍTULO DIEZ

Creando la Nube de Gloria

Hubo un momento en la historia de Israel cuando el tabernáculo fue construido por primera vez. Toda una estructura diseñada por Dios. Cada cortina. Cada dimensión. Cada implemento. Fue construido exactamente de acuerdo con las especificaciones de Dios. Y cuando finalmente estuvo completo, sucedió algo que fue registrado en Éxodo 40:34-35. La gloria de Dios, en forma de una nube, entró en el tabernáculo. Y la gloria fue tan fuerte, tan palpable, que los mismos sacerdotes no podían pararse en su presencia. El edificio estaba completo. La nube había llegado.

Eso es lo que sucede cuando el muro está completo. No solo que esté de pie. Viene la gloria. No como una abstracción teológica. Como una presencia tangible. Una atmósfera. Una nube que cambia el aire espiritual en tu esfera. Lo que significa que la intercesión no es una obra. Es una construcción. Y lo que construyes es un lugar donde la gloria de Dios puede descender y hacer Su hogar.

Este capítulo es sobre cómo crear esa atmósfera. Cómo invitar esa gloria. Cómo preparar el espacio espiritual de tu ciudad, tu familia, tu esfera para que el mismo tipo de nube de gloria que descanso en el tabernáculo pueda descender y quedarse.

Lavándose con la Palabra

Cuando Jesús estaba en el Aposento Alto con Sus discípulos, hizo algo que en ese momento fue confundidor para todos los que lo veían. Se quitó su manto, tomó un recipiente de agua y comenzó a lavar los pies de Sus discípulos. Pedro protestó. "Nunca me lavarás los pies". Pero Jesús dijo algo importante. En Juan 13:10, Jesús dijo: "El que se ha bañado no necesita lavarse más que los pies". La vida del creyente, en otras palabras, es como una persona que ha sido lavada completamente. Pero cada día, mientras caminas por el mundo, tus pies se ensucian. Necesitan ser lavados de nuevo.

Eso es lo que significa "lavarse con la Palabra". No es una experiencia de una sola vez. No es una decisión que hiciste una vez cuando viniste a Jesús. Es un acto diario. Una práctica diaria. Un proceso de lavado constante de tu mente, tu corazón y tu espíritu con la Palabra de Dios para que mientras caminas por el mundo, estés siendo limpio de lo que el mundo intenta dejarte.

El enemigo tienta. El mundo corrompe. La cultura seculaliza. Y si no estás siendo lavado constantemente con la Palabra, entonces eso se acumula en ti. Se convierte en una película sobre tu espíritu. Y esa película debilita tu capacidad de escuchar de Dios y de orar con poder. Un centinela que no se está lavando constantemente con la Palabra es un centinela que se está volviendo cada vez menos efectivo sin darse cuenta de que está sucediendo.

La práctica de lavarse con la Palabra comienza con la lectura diaria de la Escritura. No puedes ser lavado por la Palabra si no estás expuesto regularmente a ella. Así que elige un tiempo cada día. A la mañana. En la noche. En la pausa del almuerzo. Pero elige un tiempo consistente. Y lee la Biblia. No en tu cabeza. En voz alta. Hay poder en escuchar la Palabra de Dios hablada en voz alta. Literalmente limpia el aire espiritual a tu alrededor.

La segunda parte de lavarse con la Palabra es la meditación. Lees un pasaje, y luego pasas tiempo pensando en él. Mascándolo. Digiriéndolo. Permitiendo que se convierta en parte de tu pensamiento. El Salmo 1:2 describe al hombre bendito como alguien cuyo "deleite está en la ley del Señor, y en Su ley medita día y noche". Esa es meditación. No una práctica budista de vaciar tu mente. Es una práctica bíblica de llenar tu mente con la Palabra de Dios.

La tercera parte es la memorización. Hay pasajes en la Biblia que necesitas conocer de memoria. No para impresionar a la gente. Para estar armado. Cuando el espíritu de la tentación viene, necesitas poder responder con la Palabra. No necesitas buscarla. Necesitas saberla. Memorizar la Escritura es almacenar municiones espirituales. Es crear un arsenal interno que no puede ser tomado de ti.

La cuarta parte es la confesión. Tomas la Palabra que has leído, meditado y memorizado, y la confesas en voz alta. "Declaro que según Juan 14:27, el Señor me da Su paz. No como el mundo la da, sino Su paz que sobrepasa todo entendimiento". Esa confesión tiene poder. No porque suene bien. Porque están diciendo la verdad. Y la verdad dicha en voz alta es lo que limpia el aire espiritual alrededor de ti.

Juntas, estas cuatro prácticas (lectura, meditación, memorización y confesión) te lavan diariamente con la Palabra. Y a medida que eres lavado, algo sucede en tu esfera. El aire comienza a cambiar. La atmósfera se vuelve más ligera. El reino de Dios comienza a ser más palpable. No porque hayas hecho algo mágico. Porque estás preparando el espacio espiritual de tu vida para la gloria de Dios.

La razón por la que el tabernáculo pudo recibir la gloria es que fue limpiado completamente y preparado para ella. Cada servicio. Cada implemento. Todo fue lavado. Todo fue santificado. Y solo entonces vino la gloria. Tu vida es como el tabernáculo. Tu mente es el Lugar Santísimo. Tu corazón es el altar del incienso. Tu espíritu es donde reside la gloria. Y si quieres que la gloria de Dios descienda en tu esfera, necesitas estar limpio. Necesitas estar lavado constantemente con la Palabra.

Hay una práctica específica que puedo recomendarte que haya probado ser incrementalmente efectiva en la creación de esta atmósfera de limpieza. Es la práctica de la confesión de Escritura. Tomas un Salmo, usualmente uno de los Salmos de alabanza, y lo confesas diariamente. No lo lees. Lo confesas. Palabra por palabra. En voz alta. Permíteme darte un ejemplo específico. Toma el Salmo 91. Es un Salmo de protección. Confésalo cada mañana. Entero. Lentamente. Cada palabra. Mientras lo confiesas, las palabras mismas son limpiándote. Están lavando el aire espiritual alrededor de ti. Te están preparando para lo que viene.

Comenzarás a notar cambios. Después de una semana de confesar la Escritura diariamente, tu mente será más clara. Tu espíritu será más sensible. Serás más consciente de la presencia del Espíritu Santo. Después de un mes, serás completamente diferente. La depresión que te había estado rodeando será levantada. La ansiedad que te había estado pesando comenzará a levantarse. Y el aire espiritual a tu alrededor comenzará a sentirse diferente. No porque algo mágico haya sucedido. Porque estás siendo lavado constantemente con la Palabra de Dios.

La nube de gloria no desciende en una atmósfera sucia. No puede. La gloria de Dios y la suciedad no pueden habitar el mismo espacio. Así que si quieres crear una atmósfera donde la gloria pueda descender, tienes que estar siendo lavado constantemente con la Palabra. Ese es el primer paso hacia la creación de la nube de gloria en tu esfera.

La Atmósfera de Elías

Hay un tipo específico de atmósfera que se describe en la Biblia que tiene características muy particulares. Es la atmósfera donde las cosas que son imposibles en el reino natural se vuelven posibles en el reino del espíritu. Es la atmósfera donde los cielos se abren. Es la atmósfera de Elías.

En 1 Reyes 18, Elías entró en una confrontación con los profetas de Baal en el Monte Carmelo. Fue una demostración de poder. Los profetas de Baal oraron todo el día. Nada sucedió. Luego Elías oró. Y fuego vino del cielo. Consumió la ofrenda. Consumió el altar. Consumió el agua alrededor del altar. Fue un milagro. Fue gloria. Fue la demostración del poder de Dios en el reino natural.

Pero lo que es importante entender es que eso no sucedió porque Elías fuera especial. Sucedió porque Elías creó una atmósfera. Una atmósfera donde era posible que Dios demostrara Su poder de esa manera. Había un espacio espiritual que fue preparado. Había una intención declarada. Había una demanda sobre el poder de Dios que fue hecha públicamente. Y cuando todo eso se unió, la gloria vino del cielo.

En Santiago 5:17, se nos dice: "Elías era un hombre de pasiones como las nuestras, e intercedió fervientemente en oración para que no lloviera, y no llovió sobre la tierra durante tres años y seis meses". Eso es importante. Elías era un hombre normal. Tenía pasiones. Tenía miedos. Tenía debilidades. Pero cuando intercedió con fervor, el cielo respondió. No porque Elías fuera supernormal. Porque Elías sabía cómo crear una atmósfera donde el cielo tiene que responder.

Una atmósfera de Elías es creada a través de la intercesión fervorosa. No la intercesión casual. No la oración religiosa que has recitado durante años. Intercesión. Trabajo. Pasión. Demanda sobre el poder de Dios. Es cuando ayunas. Es cuando clamas. Es cuando te postras. Es cuando no te conformas con las oraciones de rutina sino que rompes en la pasión de lo que Dios puede hacer y debería hacer.

Hay una prueba específica para saber si estás en una atmósfera de Elías. Las cosas comienzan a cambiar que no deberían ser posibles. Las personas comienzan a sanar. Los matrimonios comienzan a restaurarse. Los negocios comienzan a prosperar. Las adicciones comienzan a romperse. No de forma gradual a través del consejo humano. De forma sobrenatural. Como si el cielo mismo estuviera interviniendo. Eso es la atmósfera de Elías.

Crear una atmósfera de Elías requiere que entiendas cuatro cosas. Primero, que Dios está dispuesto. No es la voluntad de Dios que estés enfermo. No es la voluntad de Dios que tu matrimonio esté quebrantado. No es la voluntad de Dios que tu ciudad esté bajo el dominio del enemigo. La voluntad de Dios es siempre para la restauración, la sanidad y la redención. Si Dios no está dispuesto, entonces Elías nunca hubiera podido convocar fuego del cielo. El fuego vino porque era la voluntad de Dios que fuera así.

Segundo, que Dios es capaz. No hay nada demasiado difícil para Dios. Nada es imposible. Nada está fuera de Su alcance. Si crees que algo es demasiado grande para que Dios lo haga, entonces no estás creando una atmósfera de Elías, estás creando una atmósfera de duda. Una atmósfera de Elías es construida sobre la comprensión de que si Dios está dispuesto y si es Su deseo, entonces nada es imposible.

Tercero, que tú eres el portavoz. Elías no oró en silencio. Clamó en voz alta. Hizo su petición pública. Declaró públicamente lo que iba a suceder. "Señor Dios de Abraham, Isaac e Israel, hoy que se sepa que tú eres Dios en Israel" (1 Reyes 18:36). Eso fue una declaración pública. Eso fue un reclamo público sobre el poder de Dios. Y cuando lo hizo, el fuego vino. Tu voz importa. Tu declaración importa. Tu clamor importa. No puedes crear una atmósfera de Elías si estás siendo pasivo. Tienes que hablar. Tienes que clamar. Tienes que declarar.

Cuarto, que hay un momento. Elías no oró cuando estaba cómodo. Oró en el Monte Carmelo. Delante de los profetas de Baal. En una demostración pública. En un momento de confrontación específica. Eso es lo que significa un momento de Elías. Es cuando el enemigo ha hecho una declaración pública de su poder y tú contestas con una declaración de la gloria de Dios. Es cuando estás en la brecha entre el mundo y el reino de Dios y clamas porque el cielo intervenga. Eso es lo que atrae la atmósfera de Elías.

Ahora, aquí es cómo estructurar tu vida de intercesión para crear esta atmósfera. Establece días de ayuno. No todo el tiempo. Pero de manera consistente. Una vez a la semana si puedes. Durante esos ayunos, no estás simplemente omitiendo comida. Estás intensificando tu intercesión. Estás clamando con más pasión. Estás siendo más específico en tus demandas sobre el poder de Dios. Estás diciendo, "Señor, aquí está la situación. Aquí está el enemigo. Aquí está lo que el enemigo ha intentado hacer. Y aquí está lo que estoy pidiendo que hagas porque es Tu voluntad y porque eres capaz". Eso es una atmósfera de Elías en miniatura.

También significa que necesitas tiempos de clamor. Momentos donde sales de la intercesión quieta y tranquila e intensificas tu voz. Clamas en voz alta. Gritas en tu espíritu. Rompes en la pasión de lo que Dios puede hacer. Hay textos en la Biblia sobre esto. El Salmo 91 dice "Clamaré a Él" (v. 15). No susurraré. Clamaré. Hay poder en el clamor. No estoy hablando de ser ruidoso por el sake de hacer ruido. Estoy hablando de intensificar tu pasión al punto donde no puedes evitar que la voz se levante.

La atmósfera de Elías también requiere que entiendas el poder de la publicidad. Cuando haces una demanda pública sobre el poder de Dios, algo cambia en el reino del espíritu. De repente, estás no solo intercediendo en privado. Estás haciendo una afirmación pública de lo que esperas que Dios haga. Eso hace una diferencia. No porque Dios sea impresionado por ser visto. Porque cuando haces un reclamo público sobre el poder de Dios, estás invitando a toda la comunidad espiritual a ser testigo. Estás creando un espacio donde el cielo tiene que responder o hay una pregunta sobre la fidelidad de Dios.

Finalmente, una atmósfera de Elías es sostenida a través de la alabanza. Una vez que has intercedido, una vez que has clamado, una vez que has hecho tu demanda sobre el poder de Dios, entonces alaba. Declara la victoria antes de verla en el reino natural. Canta. Levanta tus manos. Declara el poder de Dios. Porque la alabanza cierra el ciclo de la intercesión. Abre la puerta del cielo más completamente. Y sostiene la atmósfera una vez que ha sido creada. Sin alabanza, la atmósfera comienza a dispersarse. Con alabanza, se vuelve más fuerte.

Resumen y Pasos de Acción

Hasta ahora en este libro, hemos cubierto lo que significa ser un centinela. Hemos cubierto cómo se ve la vigilancia en la práctica. Hemos cubierto los tres espíritus que trabajan contra tu asignación y cómo luchar contra ellos. Y hemos cubierto cómo crear una atmósfera donde la gloria de Dios puede descender.

Ahora necesitas entender que todo esto se conecta. No son temas separados. Es un todo cohesivo. El centinela que comprende su asignación, que puede identificar la oposición, que sabe cómo responder en la guerra espiritual, y que entiende cómo crear una atmósfera de gloria es un centinela que está completamente posicionado para construir un muro que cambiará su familia, su ciudad y su nación.

Los pasos de acción para esta sección son claros. Primero, establece una práctica diaria de lectura de Escritura. Elige un libro de la Biblia. Comienza en el Génesis o en el Evangelio de Juan. Lee un capítulo cada día. En voz alta. Medita en lo que has leído. Permite que se convierta en parte de ti.

Segundo, elige un Salmo de confesión. Usualmente uno de los Salmos de alabanza funcionará bien. O el Salmo 91 para protección. O el Salmo 23 para paz. Confesa ese Salmo cada mañana durante dos semanas. Completo. En voz alta. Cada palabra. Notarás un cambio en la atmósfera espiritual alrededor de ti.

Tercero, establece un tiempo de ayuno semanal. No todo el día si eso es demasiado difícil. Una comida. O un período de tiempo extendido. Durante ese ayuno, intensifica tu intercesión. Ciertas situaciones que has estado orando recibirán tu enfoque completo durante ese ayuno. Haz tus demandas específicas y claras al cielo.

Cuarto, añade alabanza a tu intercesión. No solo petición. Alabanza. Canta. Levanta tus manos. Declara la gloria de Dios en voz alta. Hazlo especialmente después de tus tiempos de intercesión intensificada. Cierra el ciclo con alabanza.

Quinto, mantén un diario de lo que Dios está haciendo. Documenta los cambios que ves. Las oraciones que son respondidas. Los momentos donde la gloria se manifiesta. Mira tu diario en días cuando estés luchando. Recuerda lo que Dios ya ha hecho. Eso te preparará para lo que hará a continuación.

Si sigues estos pasos, en treinta días notarás un cambio en la atmósfera espiritual a tu alrededor. En sesenta días, comenzarás a ver cambios en el mundo natural. Personas comienzan a notar la diferencia en ti. Tu familia comienza a ser tocada por lo que Dios está haciendo a través de ti. Tu esfera comienza a cambiar. Y después de noventa días, habrás construido un muro que es tan fuerte que el enemigo no puede derribarlo. La gloria habrá descendido. La nube estará en su lugar. Y todo lo que construiste a través de tu intercesión estará protegido.

Creando la Nube de Gloria

Activación y Reflexión

---

1. ¿Alguna vez has experimentado la presencia manifiesta tangible de Dios en oración corporativa o personal? Describe lo que sucedió y qué lo precedió.

____

____

____

____

2. ¿Qué prácticas específicas de adoración e intercesión te posicionan más consistentemente para experimentar la gloria de Dios?

____

____

____

____

3. ¿Qué impide que la nube de gloria descienda sobre tu vida personal y sobre tu iglesia o comunidad de oración?

____

____

____

____

4. ¿Cómo el matrimonio de adoración e intercesión difiere de la oración sola? ¿Qué cambia en la atmósfera cuando añades alabanza extravagante?

____
____
____
____

5. ¿Qué pasos prácticos tomarás esta semana para crear las condiciones para que la nube de gloria descienda sobre tu vida y tu comunidad?

____
____
____
____

Creando la Nube de Gloria

Una Oración por la Nube de Gloria

Espíritu Santo, invito tu presencia manifiesta a descansar sobre mi vida, mi hogar y mi iglesia. Creo una atmósfera de alabanza e intercesión para que tu gloria la habite. Consume todo lo que es meramente religioso y reemplázalo con fuego viviente. Que la nube de gloria descienda sobre mi altar de oración. No me contento con información sobre ti — tengo hambre de un encuentro contigo. Ven, Señor, y llena este lugar. En el nombre de Jesús, Amén.

CAPÍTULO ONCE

Los Siete Alabanzas Hebreos

Hay siete palabras en hebreo para la alabanza. No son sinónimos. Cada uno tiene un significado específico, una intención específica, una función específica en la vida espiritual del creyente. Y cada una abre un aspecto diferente de la gloria de Dios. Juntas, crean una experiencia de adoración que es completa, inmersiva y transformadora. Por separado, cada una es una avenida diferente para la gloria de Dios para entrar en tu esfera.

Estos siete no son nuevos. Han estado en la Biblia durante miles de años. Pero en la iglesia moderna, hemos reducido la alabanza a básicamente una cosa: cantar canciones bonitas a Dios. Y mientras que la música es importante, ha habido una pérdida masiva de comprensión de lo que la alabanza es realmente y cómo funciona realmente en el reino del espíritu.

Este capítulo restaura esa comprensión. Porque cuando entiendes las siete formas diferentes en que la Biblia describe la alabanza, entonces transformas tu vida de adoración de una práctica religiosa a un acto de guerra espiritual. La alabanza se convierte en una herramienta de reino. Y la gloria de Dios comienza a manifestarse en formas que nunca antes habías experimentado.

Barack y *Yada*: Sumisión y Soberanía

El primer tipo de alabanza es *Barack*. Significa arrodillarse. Significa doblarse. Significa inclinarse delante de Dios. Significa rendirse. Es la postura física de reconocimiento de la soberanía de Dios. No es una emoción. Es una posición. Es cuando dices: "Dios, eres el Rey. Yo no lo soy. Tu voluntad es superior a la mía. Tus caminos son más altos que los míos. Me arrodillo delante de Tu autoridad".

Barack se menciona en muchos lugares en la Biblia. En el Salmo 95, se dice: "Venid, postrémonos en reverencia, arrodillémonos delante del Señor nuestro Hacedor". Ese es *Barack*. Es una rendición física de tu voluntad a la voluntad de Dios. No es una emoción. No es un sentimiento. Es un acto. Es cuando te arrodillas.

Lo que es importante entender acerca de *Barack* es que no es opcionalista. No es algo que hagas cuando te sientes espiritual. Es una práctica disciplinada. Es un acto de obediencia que establece la orden correcta en tu reino. Cuando te arrodillas ante Dios, le estás diciendo al reino del espíritu que Dios está en Su trono, que Su autoridad es la autoridad suprema, y que tu voluntad está sometida a la Suya.

La segunda palabra es *Yada*. Significa conocer. Pero no es un conocimiento de la mente. Es un conocimiento de la experiencia. Es cuando dices: "Dios, sé quién eres no porque me lo hayan dicho, sino porque lo he experimentado. He visto Tu fidelidad. He experimentado Tu poder. Conozco Tu amor no en teoría sino en realidad".

Yada es mencionado en Filipenses 3:10 cuando Pablo dice: "Para conocer el poder de su resurrección". No es conocimiento teológico. Es conocimiento experiencial. Es cuando pasas tiempo con Dios y comienzas a conocerlo de una manera personal e íntima.

Lo que es importante entender acerca de *Yada* es que no es algo que sucede automáticamente. Tienes que cultivarlo. Tienes que pasar tiempo con Dios. Tienes que permitir que Él se revele a ti. Tienes que tener experiencias donde la realidad de quién es Dios te golpea de una manera nueva. Eso es *Yada*. Y cuando lo tienes, tu alabanza cambia. Ya no estás alabando una idea de Dios. Estás alabando al Dios real que has experimentado.

Barack y *Yada* van juntos. *Barack* es la posición: me arrodillo. *Yada* es el resultado: he experimentado Su realidad y lo sé. Juntos, crean una base sólida para la alabanza. No una alabanza emocional que sube y baja. Una alabanza que está construida sobre la posición correcta (sumisión) y la experiencia real (conocimiento). Juntas, transforman la forma en que adoras. Ya no estás tratando de crear un sentimiento. Estás haciendo una declaración de realidad espiritual.

Para practicar *Barack* y *Yada* juntos, comienza tu tiempo de oración arrodillándote. Quédate en esa posición durante varios minutos. Mientras te arrodillas, comienza a pensar en formas en que has experimentado la realidad de quién es Dios. Un momento de sanidad. Una liberación. Una protección. Una provisión. Un momento donde supiste que Dios era real. Medita en eso. Recuerda eso. Y permítete experimentar nuevamente lo que sentiste en ese momento. Eso es *Yada*. Y mientras lo haces arrodillado, estás haciendo una declaración de sumisión. Estás creando la posición correcta en el espíritu para que la gloria de Dios se manifieste.

Si haces esto consistentemente, notarás que tu experiencia de Dios se vuelve más real. Ya no es un concepto teológico. Es una realidad tangible. Y eso cambiará tu vida de oración para siempre.

***Shabach* y *Halel*: El Grito y el Baile Tonto**

La tercera palabra de alabanza es *Shabach*. Significa gritar. Significa levantar tu voz en un grito de triunfo. No es un grito de miedo. Es un grito de victoria. Es cuando el cielo ha intervenido, la batalla ha sido ganada, y no puedes evitar que la voz te salga. Es un grito de regocijo.

Shabach se menciona en Salmo 47:1: "Batid palmas, pueblos todos; aclamad a Dios con voz de júbilo". Ese es

Shabach. Es un aclamación en voz alta. Es cuando no estás simplemente cantando. Estás gritando. Estás clamando. Tu voz tiene poder. Y el cielo escucha tu voz.

Lo que es importante entender acerca de *Shabach* es que es espontáneo. No es algo que planifiques. Es algo que sucede cuando te abruma la realidad de quién es Dios y qué ha hecho. No puedes evitarlo. Simplemente sucede. Tu voz se eleva. Gritas. Y cuando lo haces, algo cambia en el reino del espíritu. El enemigo se da cuenta. Los ángeles se alinean. La gloria se manifiesta.

La cuarta palabra es *Halel*. Y *Halel* es posiblemente la más extraña de todas las palabras de alabanza porque *Halel* significa hacer un tonto de ti mismo. Significa ser loco. Significa perder tu dignidad. Significa bailar de una manera que parece ridícula. Significa actuar de una manera que la gente normal nunca haría.

Halel se ve mejor en 2 Samuel 6 cuando David trae el Arca del Pacto a Jerusalén. La Biblia dice: "Y David danzaba con toda su fuerza delante de Jehová" (v. 14). Cuando su esposa lo vio, "lo menospreció en su corazón" (v. 16). Ella pensó que era ridículo. Pero David no le importó. Estaba tan lleno de la gloria de Dios, tan abrumado por el poder de quién es Dios, que no podía evitar danzar. No importaba quién lo estuviera mirando. No importaba si parecía loco. La gloria de Dios lo había abrumado y tenía que expresarlo físicamente.

Lo que es importante entender acerca de *Halel* es que es una rendición de tu preocupación por lo que otros piensen. Es cuando la realidad de la gloria de Dios es tan grande, tan tangible, tan abrumadora, que tu dignidad, tu compostura, tu imagen, todo se desmorona. Y lo único que importa es expresar lo que sientes.

Ahora, aquí es donde las iglesias modernas a menudo tienen un problema. Hemos sacralizado la iglesia. Hemos hecho que sea un lugar de silencio quieto y compostura. Y en el proceso, hemos eliminado el *Halel*. Hemos eliminado el lugar donde la gente puede perder el control en la gloria de Dios. Y en el proceso, hemos eliminado una avenida importante para que la gloria se manifieste.

No estoy hablando de caos. No estoy hablando de que la iglesia se convierta en un desastre. Estoy hablando de crear un espacio donde si la gloria de Dios viene con tanta fuerza que alguien comienza a llorar, o gritar, o bailar, no son juzgados ni rechazados. Son celebrados. Porque el *Halel* es una alabanza válida. Es una manera válida de responder a la presencia de Dios.

Shabach y *Halel* van juntos. *Shabach* es gritar tu victoria. *Halel* es bailar tu victoria. Juntos, crean una expresión completa de la alegría que vienes cuando la gloria de Dios se manifiesta en tu vida. No estás conteniendo tu gozo. Lo estás expresando. Completamente. Sin filtro. Sin vergüenza.

Para practicar *Shabach* y *Halel* juntos, encuentra un lugar donde puedas estar solo. Tu cuarto. Tu automóvil. Tu garaje. Y luego permítete sentir la gloria de Dios. Canta una canción. Grita. Comienza a saltar. Baila. No de una manera coreografiada. De una manera que sea completamente tuya. Permítete perder el control. Permítete expresar lo que sientes sin filtro. Eso es *Shabach* y *Halel*. Y cuando lo haces, algo cambia en el reino del espíritu. Tu alabanza se vuelve más poderosa. Tu comunión con Dios se vuelve más íntima. Y la gloria de Dios comienza a manifestarse de maneras que nunca antes habías experimentado.

Si lo haces regularmente, dentro de una semana habrás experimentado una nueva dimensión de la presencia de Dios. Dentro de un mes, tu vida de oración habrá sido transformada. Y dentro de tres meses, habrás experimentado manifestaciones de la gloria que cambiarán tu vida para siempre.

***Zamar* y *Tehillah*: Canción Instrumental y Espontánea**

La quinta palabra de alabanza es *Zamar*. Significa cantar. Pero no es cantar en general. Es especialmente cantar con un instrumento. Es cuando tomas un instrumento, una guitarra, un piano, un violín, algo con lo que puedas crear música, y comienzas a cantar. No solo con tu voz. Con tu instrumento. Estás creando un sonido que es más que solo palabras. Es un sonido que toca la esencia de lo que significa adorar.

Zamar se menciona en Salmo 92:4: "Porque con alegría cantaré alabanzas al Señor". Ese *Zamar*. Es un canto alegre. No es triste. No es lúgubre. Es alegre. Es un sonido que refleja la alegría del Señor.

Lo que es importante entender acerca de *Zamar* es que requiere práctica. No es algo que simplemente suceda. Tienes que aprender un instrumento. Tienes que practicar. Tienes que desarrollar la habilidad. Y cuando lo haces, algo sucede. La música que creas tiene un poder espiritual que la música sin instrumento a menudo no tiene. Hay algo acerca de combinar tu voz con un instrumento que abre un portal en el reino del espíritu.

Si no sabes cómo tocar un instrumento, te animo a que aprendas. No tienes que ser bueno. Solo tienes que estar dispuesto a aprender. Una guitarra. Un ukelele. Un teclado simple. Algo que puedas usar para crear música. Y mientras practicas, entiende que no estás simplemente aprendiendo un instrumento. Estás aprendiendo una forma de alabanza. Estás desarrollando una avenida para que la gloria de Dios se manifieste.

La sexta palabra es *Tehillah*. Y *Tehillah* es una canción espontánea. No es algo que practiques. No es algo que planifiques. Es algo que sucede en el momento cuando el Espíritu Santo comienza a fluir a través de ti y sales de tu boca un canto que nunca antes habías cantado.

Tehillah se menciona en Hechos 16 cuando Pablo y Silas están en la cárcel. La Biblia dice que "a eso de la medianoche, Pablo y Silas oraban y cantaban himnos a Dios" (v. 25). No fueron cantos que hubieran platicado antes. Fueron cantos espontáneos. Fueron *Tehillah.*

Lo que sucedió después es notable. La Biblia dice: "De repente sobrevino un gran terremoto, de tal manera que los cimientos de la cárcel se sacudieron" (v. 26). El *Tehillah* de Pablo y Silas fue tan poderoso que abrió las puertas literalmente de la cárcel. Ese es el poder de una alabanza espontánea cuando está impregnada del Espíritu Santo.

Lo que es importante entender acerca de *Tehillah* es que no está bajo tu control. No puedes planificarlo. No puedes ensayarlo. Solo puede suceder cuando el Espíritu Santo se mueve. Y cuando lo hace, el poder es inmenso. El *Tehillah* genuino es una de las formas más poderosas de alabanza.

Zamar y *Tehillah* van juntos. *Zamar* es la canción que practicas. *Tehillah* es la canción que se te da. Juntos, crean una expresión musical completa de la adoración. A veces estás creando música con instrumentos. A veces el Espíritu Santo está creando música a través de ti. Juntos, abren portales en el reino del espíritu que nada más puede abrir.

Para practicar *Zamar* y *Tehillah* juntos, toma un instrumento. O si no tienes uno, simplemente canta. Y comienza a cantar sobre Dios. Canta acerca de quién es Él. Canta acerca de lo que ha hecho. Canta acerca de lo que esperas que haga. Y mientras lo haces, sé sensible a cuando el Espíritu Santo comienza a tomar la iniciativa. Eso es cuando el *Zamar* se convierte en *Tehillah*. Cuando tu canto preparado se convierte en un canto que viene del Espíritu Santo a través de ti.

Si lo haces regularmente, comenzarás a notar que hay momentos donde el Espíritu Santo literalmente te canta a través de ti. No estás pensando en lo que vas a cantar. Simplemente saliendo de tu boca. Y esos momentos son algunos de los más poderosos en la vida espiritual. La gloria de Dios se vuelve tangible. Los ángeles se alinean. El enemigo tiembla. Todo porque permitiste que la canción espontánea del Espíritu Santo fluyera a través de ti.

Poniéndolo en Práctica

Las siete palabras de alabanza no son meant para ser estudiadas en un aula. Son meant para ser experimentadas en tu vida. Así que ahora que entiendes qué es cada una, necesitas comenzar a practicarlas.

Comienza con *Barack*. Hoy, arrodíllate ante el Señor. Quédate arrodillado durante cinco minutos. No hagas nada más. Solo quédate arrodillado. Medita en Su soberanía. Mientras lo haces, di en voz alta: "Dios, eres el Rey de mi vida. Tu voluntad es mi voluntad. Me someto a Tu autoridad".

Mañana, añade *Yada*. Arrodíllate de nuevo. Pero esta vez, mientras te arrodillas, piensa en un momento donde experimentaste la realidad de Dios. Un momento donde supiste, sin duda alguna, que Dios era real. Recuerda ese momento. Permítete sentir lo que sentiste entonces. Di en voz alta: "Dios, te conozco. He experimentado quién eres. Y te amo por ello".

El siguiente día, añade *Shabach.* Arrodíllate. Practica *Yada.* Entonces ponte de pie. Y comienza a gritar. Levanta tu voz. Grita tu victoria. Di en voz alta: "¡Gloria a Dios! ¡Dios es mi victoria! ¡Dios ha ganado! ¡Dios reina!" Sé tan fuerte como necesites ser.

Al siguiente día, añade *Halel.* Arrodíllate. Practica *Yada.* Grita tu victoria con *Shabach.* Entonces baila. Baila de una manera que sea completamente tuya. Sin pensar en quién está mirando. Sin pensar en cómo se ve. Solo danza tu alegría delante de Dios.

Al siguiente día, añade *Zamar.* Si tienes un instrumento, tócalo. Si no, simplemente canta. Combina tu voz con música. Canta acerca de Dios. Canta acerca de Su gloria. Canta acerca de Su poder. Deja que la música sea una parte de tu alabanza.

Al siguiente día, *Tehillah.* Espera al Espíritu Santo. Permite que Él cante a través de ti. No planifiques lo que vas a cantar. Solo abre tu boca y deja que venga lo que viene. Ese es el *Tehillah.*

Finalmente, en el séptimo día, combina todos ellos. Arrodíllate (*Barack*). Recuerda tu experiencia de Dios (*Yada*). Grita tu victoria (*Shabach*). Baila tu alegría (*Halel*).

Toca tu música (*Zamar*). Y espera al Espíritu Santo para una canción espontánea (*Tehillah*). Cuando lo haces todo junto, experimentarás una forma completamente nueva de adoración. Y la gloria de Dios se manifestará en formas que nunca antes habías experimentado.

Esto no es un ejercicio de una sola vez. Es una práctica de por vida. Cada vez que practiques estos siete tipos de alabanza, te estás posicionando para un encuentro más profundo con la gloria de Dios. Y cada encuentro te transforma. Te hace más fuerte. Te hace más capaz. Te hace más efectivo en tu asignación como centinela. Así que hazlo. Practica las siete alabanzas. Y espera la gloria.

Los Siete Alabanzas Hebreos

Activación y Reflexión

---

1. ¿Cuál de las siete expresiones hebreas de alabanza — Yada, Todah, Shabach, Halal, Zamar, Barak o Tehillah — se siente más natural para ti? ¿Cuál es más desconocido, y por qué?

____

____

____

____

2. ¿Cómo tu comprensión de la alabanza como arma espiritual ha cambiado o expandido a través de este capítulo?

____

____

____

____

3. Describe un momento en que el avance vino a través de alabanza en lugar de petición. ¿Qué cambió en la atmósfera?

____

____

____

____

4. ¿Qué tipo de alabanza sientes que Dios te está llamando a crecer ahora, y por qué?

____

____

____

____

5. Escribe una breve declaración usando al menos tres de las formas de alabanza hebrea como acto profético de guerra sobre una situación actual en tu vida.

____

____

____

____

Los Siete Alabanzas Hebreos

Una Ofrenda de Alabanza

Señor Dios, levanto cada expresión hebrea de alabanza a ti ahora. Hago Yada — extiendo mis manos en confesión de quién eres. Hago Shabach — grito tu alabanza con una voz de triunfo. Hago Halal — te celebro con abandono alegre. Hago Zamar — hago melodía de las profundidades de mi espíritu. Hago Barak — me arrodillo ante ti en bendición reverente. Hago Todah — te doy gracias por lo que aún no se ve. Y ofrezco mi Tehillah — la canción tranquila de intimidad de un corazón que te conoce. Eres digno de todo. En el nombre de Jesús, Amén.

CAPÍTULO DOCE

Santificando la Mente y la Puerta del Oído

La Batalla por la Puerta del Oído

Romanos 10:17 dice que la fe viene por el oír. La mayoría de los creyentes han citado ese versículo cientos de veces. Pero aquí está lo que no se dice en el mismo aliento: el miedo también viene por el oír. El desaliento viene por el oír. La duda viene por el oír. La mentira de que no estás llamado, no estás calificado, no eres suficiente, viene por el oír. La puerta del oído es el punto de entrada principal para todo lo que forma lo que crees, y eso la convierte en el objetivo principal de la estrategia del enemigo contra todo centinela que se atreve a estar de pie en el muro.

No puedes guardar a tu familia y tu ciudad si tu propia mente está comprometida. No puedes estar en la brecha por otros mientras el enemigo está ejecutando exitosamente su estrategia a través de tu propia vida de pensamiento. El ungimiento *Shamar* sobre tu territorio asignado comienza con el ungimiento *Shamar* sobre tu propia mente. No puedes dar lo que no tienes. Y un centinela cuya puerta del oído no está guardada es un centinela que está siendo alimentado con mentiras al mismo tiempo que intenta oración verdad.

Por eso este capítulo importa tanto.

La puerta del oído es exactamente lo que suena. Es la puerta de entrada a través de la cual el sonido, las palabras y la información entran en tu mundo interior. Lo que pasa por esa puerta no se mantiene neutral. Cae en la tierra de tu mente y crece. Si lo que escuchas consistentemente es la Palabra de Dios, lo que crece es fe, claridad y autoridad espiritual. Si lo que escuchas consistentemente es la narrativa del enemigo, lo que crece es miedo, confusión y el tipo de duplicidad mental que Santiago 1:7 dice que te descalifica de recibir nada del Señor. La puerta determina la cosecha. Y el centinela que no guarda su puerta del oído se encontrará tratando de oración desde un ambiente interior comprometido, preguntándose por qué sus decretos no llevan el peso que deberían.

Aquí hay algo que cambia todo sobre cómo entiendes tu propia vida de pensamiento. No todo pensamiento que tienes vino de ti. Eso no es una idea teológica. Esa es una realidad espiritual confirmada por 2 Corintios 10:5, que dice que echemos por tierra imaginaciones y toda altivez que se levanta contra el conocimiento de Dios. Lee eso con cuidado. "Toda altivez que se levanta contra el conocimiento de Dios". Eso significa que hay pensamientos que llegan a tu mente cuyo propósito entero es contradecir lo que Dios dice sobre ti. No son tus pensamientos. No originaron de ti. No vinieron de Dios. Vinieron del enemigo. Y vinieron a través de la puerta del oído.

Piensa en lo que eso significa prácticamente. Cuando un pensamiento llega que dice, "Realmente no estás llamado a esto. Tus oraciones no están haciendo nada. Dios no está escuchando. Eres demasiado quebrantado para ser usado", esa no es tu voz. Esa no es la voz de Dios. Ese es un misil. El enemigo lo dispara a tu mente y luego espera a ver qué haces con él. Si lo haces tuyo, si lo recibes como tu propio pensamiento y comienzas a luchar con él internamente, se aprieta alrededor de ti. Cuanto más luchas contra él con más pensamientos, más fuerte se vuelve su agarre. No puedes ganar una batalla de pensamientos con más pensamientos. Te agotarás y la mentira seguirá estando allí, más fuerte que cuando comenzó.

Esta es una de las trampas más comunes en las que caen los intercesores. Sienten un pensamiento que los aflige, algo oscuro, algo que contradice todo lo que creen sobre Dios o sobre sí mismos, e inmediatamente asumen que deben haberlo producido. Piensan, "No puedo creer que pensaría eso". Y comienzan a luchar contra sí mismos. Luchan internamente, condenándose por un pensamiento que ni siquiera generaron. Hacen suyo algo que nunca fue suyo. Y el enemigo se sienta atrás y los mira agotarse luchando una batalla que nunca se suponía que debían luchar de esa manera.

Los tres espíritus que vienen contra todo centinela en el muro, el desaliento de Sanbalat, la calumnia de Tobías y la confusión del espíritu asdodita, todos operan a través de la puerta del oído. No siempre aparecen como oposición externa. A veces aparecen como pensamientos internos que se sienten como tu propia voz. Sanbalat suena como tu propio monólogo interior cansado y desalentado. Tobías suena como tu propia duda de ti mismo. El espíritu asdodita suena como tu propia confusión sobre tu llamamiento. Pero no son tú. Son misiles disparados a tu mente a través de la puerta del oído. Y en el momento en que los reconoces como ataques externos en lugar de fracasos internos, ganas la ventaja.

La atmósfera alrededor de ti también se alimenta a través de la puerta del oído de maneras que quizás no hayas considerado. Lo que escuchas cuando no estás eligiendo activamente forma lo que entra en tu mente pasivamente. La música que dejas sonando de fondo. Las conversaciones que permites que permanezcan en tu espacio. Las noticias que consumes antes de acostarte. Las voces a las que has dado acceso a través de tu teléfono y tus redes sociales. Todo ello está pasando por la puerta del oído. Todo ello está cayendo en algún lugar de la tierra de tu mente. Los demonios no necesitan meterse dentro de ti si pueden infiltrar tu atmósfera. Un centinela que ora poderosamente por la mañana y luego pasa el resto del día alimentando su puerta del oído con voces que contradicen todo lo que oró está construyendo y derribando al mismo tiempo. El resultado neto es muy poco movimiento hacia adelante.

Piensa en una mujer llamada Simone, una intercesora de 36 años que ha estado en la brecha por su hijo adolescente durante dos años. Se despierta temprano. Ora. Decreta. Construye su caso en los tribunales del cielo con fe y autoridad genuinas. Pero a mediodía, está escuchando conversaciones en el trabajo que están llenas de ansiedad e insostenibilidad sobre la próxima generación. Por la noche, está desplazándose por contenido que deja un residuo de miedo y desaliento en su espíritu. Para cuando se acuesta, la fe que construyó por la mañana ha sido significativamente erosionada por lo que permitió a través de su puerta del oído durante el resto del día. No está pecando. No está siendo negligente a propósito. Solo no ha entendido que la puerta del oído no solo importa durante el tiempo de oración. Importa todo el día, todos los días. Porque lo que entra por esa puerta es con lo que el enemigo tiene que trabajar en su vida de pensamiento. Y una puerta del oído comprometida produce una vida de oración comprometida, sin importar cuán sinceras sean las intenciones.

El centinela *Shamar* que entiende la puerta del oído la toma en serio como una responsabilidad de guarda de puerta. Eres el guardián de tu propia mente. Nadie más puede hacerlo por ti. Dios te dio la autoridad para decidir qué pasa por esa puerta y qué no. Y la calidad de tu intercesión, la claridad de tu percepción espiritual, el peso de tus decretos en los tribunales del cielo, todo está directamente conectado con lo que has estado permitiendo a través de la puerta del oído en las horas y días antes de orar.

Entonces, ¿qué se ve como el cuidado activo de la puerta en términos prácticos? Comienza con una auditoría honesta. Tómate un día completo y presta atención a todo lo que entra por tu puerta del oído. No solo lo que deliberadamente eliges escuchar, sino a lo que estás expuesto pasivamente. Conversaciones. Medios de fondo. Notificaciones. Las voces a las que has dado acceso consistente. Al final de ese día, hazte una pregunta: ¿lo que escuché hoy construyó fe o construyó miedo? ¿Aclaró mi asignación o la nubló? ¿Me atrajo hacia la perspectiva de Dios o me empujó hacia la narrativa del enemigo? No tienes que ser perfecto en lo que permites. Pero sí necesitas ser honesto sobre lo que actualmente estás permitiendo y qué está produciendo en tu mundo interior.

Una vez que hayas hecho esa auditoría, toma decisiones específicas. No intenciones vagas de "ser más cuidadoso". Decisiones específicas. Este programa específico está fuera por el residuo espiritual que deja. Este patrón de conversación específico va a cambiar porque consistentemente alimenta desaliento en mi puerta del oído. Este hábito específico de revisar mi teléfono primero en la mañana está siendo reemplazado por la Palabra de Dios primero en la mañana. Específico. Nombrado. Decidido. Porque la puerta del oído no se guarda a sí misma. Tú la guardas. Y la guardas con opciones específicas y deliberadas sobre lo que permites, no con buenas intenciones que nunca se traducen en comportamiento cambiado.

El centinela que guarda su puerta del oído es un centinela que se presenta a la oración con un ambiente limpio del que trabajar. Su mente no ya está repleta de la narrativa del enemigo antes de que haya dicho una palabra. Su mundo interior está listo para recibir del cielo porque ha sido intencional sobre lo que ha estado alimentándolo. Y cuando un pensamiento llega que contradice lo que Dios dice, lo reconocen inmediatamente por lo que es. No su voz. No la voz de Dios. Un misil. Y saben exactamente qué hacer con él.

Destrozando la Mentira con la Verdad Verbal

No puedes luchar contra un pensamiento con un pensamiento. Esta es una de las cosas más importantes que jamás aprenderás sobre la guerra espiritual a nivel de la mente. Cuando una mentira llega a tu pensamiento, el instinto es argumentar con ella internamente. Contrarrestarla con mejor razonamiento. Analizar de dónde vino y luego debatirla en tu propia cabeza hasta que desaparezca. Pero esa estrategia no funciona. Nunca funciona. Cuanto más participas una mentira internamente, más fuerte se vuelve. Se alimenta de tu atención. Cada pensamiento que diriges hacia ella, incluso el pensamiento que intenta refutarla, le da más oxígeno. Crece en el espacio que le das. Y para cuando la has estado peleando internamente durante una hora, lo único que llena tu mente es el mismo pensamiento que intentabas deshacerte.

El arma contra una mentira no es un mejor pensamiento. El arma es tu voz.

Cuando hablas la Palabra de Dios en voz alta, estás haciendo algo que tiene dos efectos simultáneos. Primero, estás enviando verdad al reino espiritual como un decreto. Estás emitiendo una declaración legal de que la sugerencia del enemigo no tiene autoridad en el territorio de tu mente. Segundo, y esto es lo que la mayoría de la gente se pierde, estás enviando esa verdad de vuelta a través de tu propia puerta del oído. La Palabra que hablas entra en tus oídos. Y lo que entra por la puerta del oído comienza a desplazar lo que ya estaba sentado en la mente. La mentira no puede mantener su terreno cuando la verdad está siendo alimentada a través de la misma puerta por la que entró. La fe viene por el oír. También viene la libertad. Viene la claridad. Viene el destrozamiento de cada sugerencia que el enemigo intentó plantar en tu pensamiento.

Este es el principio detrás de Romanos 10:10, que dice que con la boca se hace confesión. No solo con la mente. Con la boca. Hay una razón por la que Dios diseñó la confesión como un acto hablado. Porque lo que sale de tu boca entra en tus propios oídos. Y lo que entra en tus oídos a través de la Palabra de Dios comienza a hacer el trabajo que el debate interno nunca pudo. Arranca la mentira. No a través del argumento. A través del desplazamiento. La verdad desplaza la cosa falsa de la misma manera que el agua viva desplaza el agua estancada. Pero tiene que ser hablada. Tiene que pasar por la puerta.

Jesús modeló esto en el desierto. Cuando el enemigo vino hacia Él con distorsión y sugerencia, Él no se involucró en un debate interno. No se sentó en silencio e intentó pensar su camino a través del ataque. Habló. "Está escrito". Tres veces. Tres confesiones verbales directas de escritura específica contra mentiras específicas. Él fuera-habló al enemigo. Y el enemigo se fue. Eso no es solo una historia sobre Jesús siendo espiritualmente superior. Eso es un patrón. Ese es el modelo de cómo se defiende la mente. No a través de mejor pensamiento. A través de verdad hablada que entra por la puerta del oído y destruza el poder de lo que el enemigo plantó allí.

Pablo entendió esto cuando escribió Efesios 6:17 sobre la espada del Espíritu, que es la Palabra de Dios. Una espada es un arma que sostienes en tu mano y usas activamente. No es algo que funciona mientras la dejas en la vaina. Tienes que desenvainarla. Tienes que balancearla. En el contexto de la mente y la puerta del oído, desenvainar la espada significa abrir tu boca y hablar la Palabra en voz alta. No pensar sobre la Palabra. No estar de acuerdo con la Palabra internamente. Hablarla. En voz alta. En la atmósfera. A través de tus propios oídos y en la tierra de tu mente donde la mentira intenta echar raíces.

Hay un proceso específico para usar verdad verbal como una respuesta de emergencia cuando un pensamiento llega que reconoces como un misil. Tiene tres pasos y necesitan suceder en orden. El primer paso es reconocer. En el momento en que un pensamiento llega que contradice lo que Dios dice sobre ti o tu asignación, lo nombras en voz alta. No al pensamiento. A Dios. Dices, "Este pensamiento no es de mí y no es de Dios. Es un misil del enemigo". Ese acto de nombrarlo hace algo crítico. Te quita la propiedad del pensamiento. Dejas de pelearte contigo mismo y comienzas a identificar la fuente real. Tú no eres el problema. El pensamiento es el problema. Y nombrarlo de esa manera es el comienzo de tu contra-ataque.

El segundo paso es encontrar la escritura específica que directamente contradice la mentira específica. No una escritura general. La específica. Si el pensamiento dice que no estás llamado, hablas en voz alta: "Decreto que los dones y el llamamiento de Dios son irrevocables, según Romanos 11:29. Mi llamamiento no está cancelado por este pensamiento. Fue establecido antes de que naciera y está de pie en este momento en el nombre de Jesús". Si el pensamiento dice que tus oraciones no están haciendo nada, hablas en voz alta: "Decreto que la oración eficaz de un justo puede mucho, según Santiago 5:16. Mis oraciones no están rebotando en el techo. Están llegando a los tribunales del cielo y están produciendo resultados que quizás no vea todavía. Soy justo a través de la sangre de Jesús el Mesías y mis oraciones pueden mucho". Específico. Nombrado.

Hablado en voz alta. Esa es la espada siendo desenvainada y balanceada contra un objetivo específico.

El tercer paso es seguir hablando hasta que sientas el cambio. Aquí es donde la mayoría de la gente se da por vencida demasiado temprano. Hablan la verdad una vez, sienten lo mismo que antes, y concluyen que no funcionó. Pero la Palabra no siempre produce un cambio emocional inmediato. Produce un cambio espiritual primero. El agarre de la mentira en la mente se afloja antes de que el sentimiento cambie. Y el sentimiento cambia después de que has sido consistente en alimentar verdad a través de la puerta del oído lo suficientemente largo para que el desplazamiento suceda. Sigue hablando. Sigue enviando verdad a través de la puerta. No midas la efectividad por cómo te sientes después de una declaración. Mídela por la fidelidad de tu habla a lo largo del tiempo. Porque cuanto más consistentemente envíes la Palabra a través de tu puerta del oído, menos espacio tiene la mentira para respirar.

Hay una ilustración poderosa de cómo funciona esto que viene de la experiencia de alguien que encontró la voz del enemigo temprano en su caminar con Dios. A los dieciséis años, recién nacido de nuevo y lleno de fuego por Jesús, una voz vino. No audible. Pero clara. Una sugerencia tan oscura y tan contraria a todo lo que creía que los paró en seco. El pensamiento dijo que querían ser exaltados como Jesús. Era una mentira, una sugerencia oscura y acusatoria diseñada para hacerlos dudar de su propio corazón. Y funcionó. Durante semanas, ese pensamiento los atormentó internamente. Lucharon con él con más pensamientos. Argumentaron con él en su propia mente. Se dijeron a sí mismos que no era verdad. Pero cuanto más lucharon con él internamente, más fuerte se volvió. Cuanto más intentaron razonar su camino hacia afuera de ello, más llenó su pensamiento. Hasta que un día fueron a un pastor y lo hablaron en voz alta. Liberaron la mentira verbalmente. Dijeron lo que el enemigo les había estado diciendo. Y en el momento en que salió de su boca, algo se rompió. El pastor habló verdad de vuelta. Y cuando la verdad entró a través de la puerta del oído, el poder de la mentira se hizo añicos. No a través de mejor pensamiento. A través de hablar la mentira y hablar verdad adentro. Ese es el mecanismo. Así es cómo funciona la puerta del oído en ambas direcciones. Y esa es la razón por la que la confesión verbal tanto de la mentira que estás liberando como de la verdad que estás recibiendo es el arma más efectiva contra el ataque mental.

Esto tiene implicaciones directas para el llamamiento *Shamar*. Un centinela que está bajo ataque mental es un centinela cuya efectividad en intercesión está comprometida. El enemigo sabe esto. Por eso ataca la mente. Por eso dispara misiles a través de la puerta del oído contra las personas que están en la brecha por otros. Si puede lograr que el centinela luche sus propios pensamientos, el centinela no está luchando por las personas en su *metron*. La batalla por la puerta del oído no es una inconveniencia personal. Es un asalto estratégico sobre la efectividad de toda tu asignación. Y la forma en que la ganas es la misma forma en que ganas todas las otras batallas en el espíritu: con la Palabra de Dios, hablada en voz alta, a través de la misma puerta que el enemigo intentó usar en contra tuya.

También hay una dimensión corporativa en esto que los centinelas necesitan entender. Santiago 5:16 dice que confieses tus faltas unos a otros para que seáis sanados. La confesión hablada de lo que estás llevando, sea una mentira que has estado creyendo, un miedo que ha estado agarrando tu pensamiento, un patrón de pensamiento que ha estado comprometiendo tu vida de oración, no solo te ayuda a ti. Rompe algo en el espíritu cuando se habla en la presencia de otro creyente que puede hablar verdad de vuelta en tu puerta del oído. El poder del enemigo es el poder del secreto. Mantiene las mentiras vivas manteniéndolas escondidas en la oscuridad de tu mundo interno. Cuando las hablas en la luz, en la presencia de un compañero espiritual de confianza o cobertura, el poder se rompe. No porque la confesión es magia. Porque la verdad hablada en la puerta del oído de una persona que ha estado llevando una mentira es el mecanismo específico que Dios diseñó para romper el agarre de esa mentira. No lleves ataques mentales solo. Habla. Deja que la verdad vuelva adentro. Ese es el diseño.

El ejercicio de emergencia práctico para siempre que te sientas abrumado mentalmente o atacado es este. Para lo que estás haciendo. No intentes empujarte a través de ello mientras el ataque está a toda fuerza. Para. Nombra el pensamiento en voz alta como un misil. Encuentra la escritura específica que directamente lo contradice. Escríbelo si es necesario. Luego hablalo en voz alta tres veces, lentamente, dejándolo pasar por tu puerta del oído cada vez. Después de la tercera vez, di en voz alta: "Recibo esta verdad en mi puerta del oído ahora. Decreto que esta Palabra desplaza cada mentira que vino por esta puerta. Mi mente está bajo la sangre de Jesús y ninguna arma forjada contra ella prosperará". Luego vuelve a lo que estabas haciendo. Si el pensamiento regresa, repite el proceso. No con frustración. Con la autoridad calma de un centinela que conoce su arma y sabe que funciona.

La mente es el campo de batalla. La puerta del oído es el punto de entrada. Y la Palabra de Dios hablada es el arma que gana la batalla cada vez que se usa consistentemente y con fe. Un centinela que domina esta práctica no solo protege su propia mente. Se convierte en alguien que puede ayudar a otros a hacer lo mismo. Porque cuando sabes cómo destrozar una mentira con verdad verbal en tu propia vida, sabes exactamente cómo estar en la brecha por alguien más que ha sido golpeado por el mismo tipo de misil. Puedes orar por ellos con precisión. Puedes decretar verdad sobre su mente con la autoridad de alguien que ha usado este arma personalmente y sabe qué hace. Ese es el ungimiento *Shamar* operando en su nivel más práctico y más poderoso. Guardando la puerta.

Hablando la verdad. Destrozando la mentira. Y manteniéndose en el muro.

La Guía de Inicio Rápido

La puerta del oído es el punto de entrada tanto para la Palabra de Dios como para la mentira del enemigo. Lo que permites pasar por esa puerta forma lo que crees, cómo oras y cuán efectivamente estás en la brecha por las personas que Dios te ha asignado. Un centinela que guarda su puerta del oído guarda toda su asignación. Un centinela que la deja sin guardar se encontrará luchando batallas internas en lugar de estar en la brecha por las personas que te necesitan en el muro.

Aquí está tu guía de inicio rápido. Cuatro acciones específicas. Hazlas en orden esta semana.

Primero, haz la auditoría de la puerta del oído hoy. Establece un temporizador por veinticuatro horas y presta atención a todo lo que pasa por tu puerta del oído. Al final de ese período, escribe los tres cosas que escuchaste más consistentemente que construyeron miedo o duda. Nómbralas específicamente. Esas tres cosas son tu punto de partida para construir una práctica de cuidado de puerta más intencional.

Segundo, identifica un pensamiento negativo recurrente que ha estado golpeando tu mente consistentemente. No una categoría general de pensamiento negativo. Un pensamiento específico. El que sigue regresando. El que el enemigo sigue disparando a ti porque sabe que es efectivo. Escríbelo en un pedazo de papel. Luego encuentra la escritura específica que directamente lo contradice. Escribe esa escritura al lado del pensamiento. Esa pareja es tu arma principal para esta temporada.

Tercero, habla esa escritura en voz alta cada vez que ese pensamiento intente entrar en tu mente. No a veces. Cada vez. No tienes que parar todo lo que estás haciendo. Hablas dondequiera que estés. En el auto. En la cocina. En tu escritorio. En voz alta. En el momento en que el pensamiento llega, desenvainas la espada. Hablas la verdad. La envías a través de tu propia puerta del oído. Haz esto consistentemente durante veintiún días y escribe en tu diario qué cambia en la frecuencia e intensidad de ese pensamiento durante ese período.

Cuarto, declara tu mente una zona santificada una vez al día durante los próximos siete días. Cada mañana antes de comenzar tu día, habla esto en voz alta: "Declaro que mi mente está bajo la sangre de Jesús el Mesías. La puerta del oído de mi alma está guardada por la Palabra de Dios. Ningún misil del enemigo tiene acceso legal a mi pensamiento hoy. Cada pensamiento que viene es filtrado a través de la verdad de lo que Dios dice sobre mí y mi asignación. Mi mente está clara. Mi puerta del oído está limpia. Soy un centinela *Shamar* de pie guardando mi propio mundo interior y a las personas que Dios ha colocado en mi cuidado". Hablalo lentamente. Siéntelo.

Déjalo pasar por tu propia puerta del oído antes de salir a enfrentar el día.

El ungimiento *Shamar* sobre tu familia y tu ciudad comienza aquí. Comienza en la mente. Comienza en la puerta del oído. Comienza con la decisión diaria, específica y llena de fe de guardar lo que entra y destrozar lo que no debería estar allí con la Palabra de Dios hablada. Un centinela que gana la batalla en su propia mente es un centinela que puede estar en la brecha por todos los demás. Guarda la puerta. Habla la verdad. Mantente en el muro.

Santificando la Mente y la Puerta del Oído

Activación y Reflexión

---

1. ¿Qué voces — medios, relaciones, miedo, cultura — han estado compitiendo con la voz de Dios a través de tu puerta de oído? ¿Cómo está afectando eso tu intercesión?

____

____

____

____

2. ¿Qué significa prácticamente santificar tu puerta de oído? ¿Qué cambios específicos necesitas hacer en lo que escuchas diariamente?

____

____

____

____

3. ¿Cómo información impura — chisme, noticias basadas en miedo, cinismo — ha infiltrado y debilitado tus oraciones?

____

____

____

____

4. Describe una estación en que tu mente estaba más alineada con la mente de Dios. ¿Qué hábitos o disciplinas estabas practicando entonces?

____

____

____

____

5. ¿Qué tres entradas específicas removerás de tu vida diaria para crear más espacio para que la voz de Dios te hable claramente?

____

____

____

____

Santificando la Mente y la Puerta del Oído

Una Oración de Santificación Mental

Señor, entrego mi mente y mi puerta de oído a ti. Me arrepiento de todo pensamiento impuro, temeroso e infiel que he permitido tomar residencia. Santifico mis oídos — lo que escucho, lo que veo, en lo que medito — para ser un canal santo para tu voz sola. Renueva mi mente con tu Palabra. Que mi intercesión fluya de un recipiente limpio y claro. Guarda la puerta de mis pensamientos, y que solo lo que es verdadero, noble y puro eche raíces. En el nombre de Jesús, Amén.

CAPÍTULO TRECE

Gobernando Tu Atmósfera

Hay un momento que todo centinela eventualmente enfrenta. Estás en una sala, en una reunión, en una reunión familiar, y algo cambia. La atmósfera cambia. La conversación se vuelve aguda. La confusión cae como una nube. Las personas que estaban bien hace diez minutos ahora están irritables, distraídas, o se alejan las unas de las otras. Y si no sabes qué estás viendo, pasarás la próxima hora tratando de arreglar un problema natural que tiene una raíz espiritual.

De eso se trata este capítulo.

Gobernar tu atmósfera no es algo pasivo. No es algo que suceda automáticamente porque has estado orando fielmente. Requiere discernimiento, intencionalidad, y la disposición de actuar sobre lo que percibes antes de que se cause daño. El ungimiento *Shamar* que llevas no es solo sobre estar en la brecha en tu closet de oración. Se trata de traer la autoridad de ese closet de oración a cada ambiente que Dios te ha asignado y gobernar activamente lo que se permite operar allí.

Todo lo que has construido en los capítulos anteriores, la nube de gloria, la mente lavada, los decretos legislativos, la puerta del oído guardada, todo conduce a esto. Porque un centinela que puede orar poderosamente pero no puede gobernar la atmósfera a su alrededor es como un guardián que sabe pelear pero deja la puerta sin llave. El llamado *Shamar* no es solo sobre la guerra en el lugar secreto. Se trata de mantener una atmósfera limpia, santa, llena de gloria en cada espacio que Dios ha puesto bajo tu cuidado.

Discerniendo los Cambios Atmosféricos

Una de las habilidades más importantes que un centinela *Shamar* desarrolla con el tiempo es la capacidad de distinguir la diferencia entre un problema natural y uno espiritual. No todo lo que sale mal es un ataque demoníaco. Las personas tienen días malos. Los niños tienen problemas de comportamiento. Las parejas discrepan. La fatiga hace que las personas sean de mal genio. Pero hay un tipo específico de disrupción que tiene una cualidad diferente, una que viene demasiado rápido, demasiado aguda, y demasiado coordinada para ser puramente natural. Aprender a reconocer esa cualidad es lo que te da la capacidad de responder a ella correctamente antes de que cause daño duradero.

Piensa en cómo se siente realmente una nube demoníaca cuando entra en un espacio. No siempre se anuncia a sí misma con manifestaciones dramáticas. La mayoría de las veces es sutil. Hay un cambio repentino en el tono de una conversación que nadie puede explicar completamente. Una pesadez se asienta en una sala que no estaba allí antes. Las personas que estaban unidas comienzan a tirar en direcciones diferentes sin saber por qué. Los niños que estaban tranquilos se vuelven agitados. Una pareja que estaba bien en la mañana se está gritando la una a la otra al mediodía. Nada de esto parece espiritual en la superficie. Pero debajo, hay una infiltración atmosférica específica que el ojo natural no puede ver y el espíritu entrenado no puede identificar.

La historia de una niña joven llamada Peyton vale la pena considerar aquí como una ilustración de este principio. Su padre notó que ella de repente actuaría de manera inapropiada en ciertos ambientes, no porque estuviera siendo desobediente, sino porque estaba reaccionando a algo en la atmósfera. Era sensible a los ambientes espirituales de una manera que se veía como problemas de comportamiento en el exterior. Cuando la sacó de una tienda particular en la playa, ella estaba bien el resto del día. El momento en que entendió que ella estaba respondiendo a una nube demoníaca en lugar de simplemente estar siendo desobediente, todo cambió en cuanto a cómo la manejaba. Dejó de intentar corregir un problema de comportamiento que en realidad no era un problema de comportamiento. Comenzó a gobernar la atmósfera en su lugar.

Ese es el cambio que necesitas hacer como centinela. Necesitas desarrollar lo que podría llamarse un radar espiritual, la capacidad de percibir lo que está sucediendo en el reino invisible antes de que se manifieste completamente en lo natural. Esto no se trata de ser sospechoso de todo o ver un demonio detrás de cada dificultad. Se trata de ser lo suficientemente espiritualmente perceptivo para reconocer cuándo algo que parece natural es en realidad espiritual, y luego responder en consecuencia.

Aquí está lo que estás buscando específicamente cuando estás tratando de discernir si un cambio atmosférico es espiritual o natural. Primero, mira la velocidad de esto. Los problemas naturales tienden a construirse con el tiempo. Las infiltraciones espirituales tienden a golpear repentinamente. Si una sala pasa de tranquila a caótica de una manera que no coincide con las circunstancias, esa velocidad es una señal. Segundo, mira la coordinación de esto. Cuando múltiples personas en el mismo espacio se ven afectadas de la misma manera al mismo tiempo, eso no es una coincidencia. Ese es un ataque atmosférico golpeando a un grupo. Tercero, mira la irracionalidad de esto. Cuando las personas no pueden explicar por qué están sintiendo lo que están sintiendo, cuando la reacción es desproporcionada a la situación, eso a menudo es una señal de que algo espiritual está impulsando lo que parece una respuesta natural.

Los tres espíritus que ya has aprendido, el desaliento de Sanballat, la calumnia de Tobías, y el espíritu ashdodita de la confusión, no solo atacan individuos. Atacan atmósferas. Pueden infiltrar una sala, una reunión, un hogar, y afectar a todos en él simultáneamente. El espíritu ashdodita en particular es un maestro de la infiltración atmosférica. Trae una nube de confusión que se asienta sobre un grupo y hace que todos en él se sientan brumosos, desconectados, e incapaces de pensar claramente. Cuando entras a una reunión y todos parecen estar apagados, cuando la claridad que debería estar allí no está, cuando las personas que normalmente son agudas parecen distraídas y dispersas, eso a menudo es el espíritu ashdodita operando en la atmósfera de ese espacio.

El discernimiento de este tipo se desarrolla a través de dos prácticas específicas. La primera es tiempo consistente en la presencia de Dios, porque cuanto más sabes cómo se siente Su atmósfera, más rápidamente reconoces cuando algo más está presente. No puedes identificar una falsificación si no sabes cuál es la cosa real. Cuanto más saturado estés en la nube de gloria que has estado construyendo a través de la adoración y la Palabra, más sensible se vuelve tu espíritu a cualquier cosa que no coincida con ella. La segunda práctica es el hábito de revisar tu espíritu cuando entras en un nuevo ambiente. Antes de que te involucres con las personas en un espacio, antes de que te lances a la conversación o a la reunión, tómate treinta segundos internamente para hacer a tu espíritu una pregunta simple: ¿qué estoy sintiendo aquí? No necesitas una experiencia profética dramática. Solo necesitas estar lo suficientemente presente para notar lo que tu espíritu ya está captando que tu mente aún no ha procesado.

Cuando sientes un cambio atmosférico, lo primero que haces no es entrar en pánico e ignorarlo. Oras en silencio en tu espíritu. No una declaración fuerte que te llame la atención. Un decreto interno y tranquilo. "Ato el espíritu de confusión operando en esta atmósfera en este momento en el nombre de Jesús. Libero la paz de Dios en este espacio. Espíritu Santo, gobierna esta atmósfera." No necesitas hacer una escena. No necesitas anunciar lo que estás haciendo. Eres un centinela. Haces tu trabajo desde tu puesto, no desde una plataforma. Y a veces lo más poderoso que puedes hacer en una sala es lo que nadie más en la sala puede ver.

Desarrolla el hábito de llegar temprano a los espacios por los que eres responsable, ya sea tu hogar, tu iglesia, o una reunión que estás liderando, y pasar algunos minutos orando sobre la atmósfera antes de que llegue cualquier otra persona. Camina a través del espacio. Ora en silencio. Declara la atmósfera santificada. Invita la presencia de Dios. Ordena a cualquier cosa que no pertenezca que se vaya en el nombre de Jesús. No estás realizando un ritual. Estás haciendo tu trabajo como centinela *Shamar*. Estás gobernando la atmósfera antes de que las personas que la necesitan para estar seguras lleguen. Esa es la diferencia entre un centinela reactivo y uno proactivo. El reactivo lidia con la infiltración después de que ya ha causado daño. El proactivo cierra la puerta antes de que el enemigo logre pasar.

Aquí hay una práctica específica para afilar tu discernimiento atmosférico esta semana. Cada vez que entres en un nuevo espacio, ya sea tu hogar después del trabajo, tu edificio de iglesia antes de un servicio, o una sala de reuniones antes de una reunión, pausa treinta segundos en el umbral. No entres automáticamente. Párate en la entrada y revisa tu espíritu. Hazte tres preguntas en silencio: ¿qué siento en este espacio? ¿Es consistente con la presencia de Dios o hay algo más aquí? ¿Qué quiere hacer mi espíritu en respuesta? Escribe lo que observas cada vez. Después de una semana de hacer esto consistentemente, comenzarás a ver patrones. Comenzarás a reconocer firmas espirituales específicas que te dicen qué tipo de atmósfera has entrado y qué tipo de respuesta es necesaria. Esa es la función centinela *Tsaphah* en la práctica. Estás subiendo al lugar alto y mirando hacia afuera antes de que te involucres. Estás viendo antes de que actúes.

El Arte de las Reuniones Territoriales

Cada reunión tiene una dimensión espiritual que la mayoría de las personas nunca piensan. Cuando dos o más personas se reúnen, no solo traen sus cuerpos y sus opiniones a la sala. Traen sus atmósferas. Traen cualquier nube espiritual que se ha estado formando alrededor de sus vidas, ya sea una nube de gloria o una nube de algo completamente diferente. Y cuando esas atmósferas se encuentran, una de ellas tiende a dominar. La pregunta que todo centinela necesita poder responder antes de una reunión de alto riesgo es: ¿cuya atmósfera va a gobernar este espacio?

La ubicación importa en el espíritu más de lo que la mayoría de los creyentes se dan cuenta. Hay una razón por la que cuando estás en tu propio territorio, en tu propio hogar, en tu iglesia, en un espacio que has estado orando consistentemente y gobernando espiritualmente, tiendas a sentir más autoridad, más claridad, y más confianza. No es solo psicología. Es espiritual. Has estado construyendo la atmósfera de ese espacio a través de tu oración y adoración consistentes. La nube de gloria que llevas ha sido depositada allí con el tiempo. Y cuando estás operando dentro de esa nube, tienes una ventaja de campo local que es real en el reino espiritual.

El concepto del *metron* se aplica directamente a las reuniones territoriales. Tu autoridad espiritual es más fuerte en el territorio donde has sido asignado y donde has construido posición relacional y espiritual. Cuando invitas a alguien a tu espacio, estás operando desde una posición de autoridad. La atmósfera que has cultivado es la dominante. Pero cuando vas al territorio de alguien más, especialmente territorio que no ha sido gobernado espiritualmente, o peor, territorio que ha sido gobernado activamente por algo contrario al Espíritu de Dios, estás entrando en una dinámica diferente. No estás en terreno propio. Y si entras sin estar preparado espiritualmente, puedes venir bajo la atmósfera de ese espacio en lugar de gobernarla.

Este es un principio que todo centinela necesita entender antes de que entren en situaciones espirituales sensibles. Ministerio de liberación, conversaciones confrontacionales, negociaciones de alto riesgo que involucran autoridad espiritual, estas son situaciones donde la pregunta de la ventaja territorial es críticamente importante. Hacer trabajo espiritual de alto nivel en un espacio desprotegido, o en un espacio que pertenece a alguien que no está alineado con Dios, puede exponerte a la contaminación espiritual que te sigue a casa. Eso no es pensamiento basado en el miedo. Eso es sabiduría. De la misma manera que un soldado no elige pelear en el terreno más fortificado del enemigo cuando puede elegir un terreno mejor, un centinela no casualmente entra en territorio espiritualmente hostil sin preparación y cobertura.

Hay tres principios para navegar las reuniones territoriales con sabiduría. El primero es ser invitado o ser enviado. No vayas donde no has sido llamado. Si alguien necesita ministerio, oración, o una conversación difícil, lo ideal es que suceda en tu territorio, en tu hogar o tu iglesia, donde la atmósfera ya está gobernada y la nube de gloria ya está presente. Si necesitas ir a ellos, asegúrate de que has sido específicamente dirigido por Dios para hacerlo y que tienes la cobertura de tu autoridad espiritual detrás de ti. No vayas simplemente porque te sientes capaz. Ve porque has sido enviado.

El segundo principio es construir tu atmósfera antes de entrar en la suya. Antes de que entres en cualquier reunión de alto riesgo, especialmente una que involucre confrontación espiritual o liberación, pasa tiempo en oración y adoración para construir la nube que llevas. No entres espiritualmente plano. Entra llevando la atmósfera de la presencia de Dios. Pasa al menos quince a veinte minutos en adoración genuina antes de entrar por esa puerta. Ora en el Espíritu. Decreta la presencia de Dios sobre ti mismo. Pide al Espíritu Santo que vaya delante de ti y gobierne la atmósfera del espacio en el que estás entrando. No te estás preparando emocionalmente. Estás cargando la nube que llevas para que cuando entres, la atmósfera que traes sea más fuerte que la que estás entrando.

El tercer principio es elegir terreno neutral cuando sea posible para conversaciones sensibles. Cuando necesitas tener una conversación espiritualmente significativa con alguien y ir a su espacio se siente espiritualmente arriesgado, e invitarlos a tu hogar se siente prematuro, una ubicación neutral puede ser la opción correcta. Un café, un parque, un espacio al aire libre, algún lugar que no ha sido gobernado por la nube espiritual de ninguna de las partes. En terreno neutral, la persona con la atmósfera espiritual más fuerte tiende a gobernar el espacio. Y si te has preparado apropiadamente, si has construido tu nube antes de llegar, esa persona eres tú.

Piensa en un hombre llamado Tomás, un pastor de 45 años que ha sido pedido que se reúna con un miembro de su congregación que ha estado profundamente involucrado en un ambiente espiritualmente opresivo. El miembro quiere reunirse en su hogar. El primer instinto de Tomás es ir, porque quiere servirle. Pero mientras lo piensa en oración, siente una restricción en su espíritu. Le pide al miembro que venga a la iglesia en su lugar. No porque tenga miedo, sino porque el edificio de la iglesia ha sido consistentemente orado, ungido, y gobernado como un santuario de la presencia de Dios. La atmósfera de ese edificio está en su favor. Cuando el miembro llega y se sientan juntos en ese espacio, algo cambia en el miembro casi inmediatamente. La atmósfera de la iglesia comienza a trabajar en ellos antes de que Tomás haya dicho una palabra. La nube que Tomás y su congregación han estado construyendo a través de oración y adoración consistentes está haciendo su trabajo. Ese es un centinela que entiende la ventaja territorial y la usa sabiamente.

También hay un protocolo específico para cuando has estado en un ambiente espiritualmente pesado y necesitas asegurarte de que no has traído nada de vuelta a casa. Esto no se trata de miedo. Se trata de higiene, higiene espiritual. Después de cualquier reunión, sesión de ministerio, o tiempo pasado en un ambiente espiritualmente desafiante, tómate tiempo para orar sobre ti mismo antes de ir a casa.

Específicamente pide al Espíritu Santo que te limpie de cualquier cosa que se haya adherido a tu atmósfera durante ese tiempo. Ora en el Espíritu. Declara que eres limpio a través de la sangre de Jesús. Pide a Dios que restaure la plenitud de la nube de gloria alrededor de tu vida. Entonces cuando cruzas la puerta de tu hogar, no estás llevando nada que no pertenezca allí. Estás trayendo la nube de gloria, no el residuo del ambiente espiritual de alguien más.

Aquí está tu paso de acción específico para reuniones territoriales. Antes de tu próxima interacción espiritual significativa, ya sea una reunión de oración, una cita de ministerio, una conversación difícil con alguien en tu esfera, o cualquier reunión donde se espera que lleves autoridad espiritual, haz esto. Veinte minutos antes de que comience, encuentra un espacio privado y pasa ese tiempo en adoración y oración. Usa al menos dos de las siete expresiones hebreas de alabanza para construir la nube que llevas. Luego ora específicamente: "Espíritu Santo, te pido que vayas delante de mí en esta reunión. Gobierna la atmósfera de ese espacio. Que la nube que llevo sea la atmósfera dominante en esa sala. Vengo como centinela *Shamar* bajo la sangre de Jesús, y declaro que la presencia de Dios gobierna esta reunión de principio a fin." Luego entra. No actúes. No intentes fabricar autoridad espiritual. Solo lleva lo que has construido. La nube hace el trabajo.

Protegiendo el Santuario del Hogar

Tu hogar se supone que es el ambiente espiritual más consistentemente gobernado en tu vida. Es el lugar donde tu familia vive, donde tus hijos crecen, donde tu matrimonio se construye, donde las personas más vulnerables en tu esfera pasan la mayoría del tiempo. Si la nube de gloria es real en algún lugar en tu vida, debería estar más consistentemente presente y más consistentemente protegida en tu hogar. Pero eso no sucede automáticamente. Requiere gobierno espiritual intencional y continuo.

El hogar es un santuario para la nube de gloria solo cuando se trata como tal. Lo que permitas dentro de las paredes de tu hogar, tanto física como espiritualmente, determina la atmósfera en la que vive tu familia todos los días. No solo las cosas obvias como lo que ves o qué música suena de fondo, aunque eso importa significativamente. También se trata de quién permites que entre y qué llevan consigo. Se trata de qué conversaciones suceden en esas salas. Se trata de si la Palabra de Dios es consistentemente hablada en ese espacio o si las voces dominantes son todo lo demás. Cada una de estas cosas contribuye a o erosiona la atmósfera que estás tratando de mantener.

Hay una pregunta real que muchos intercesor enfrentan: ¿qué haces cuando alguien entra a tu hogar y deja algo atrás? No físicamente. Espiritualmente. Has tenido gente que pareció estar bien, pero después de que se fueron, la atmósfera en tu hogar se sentía diferente. Los niños eran más irritables. Tú y tu cónyuge eran más tensos el uno con el otro. Algo que no estaba allí antes de su visita estaba allí después. Eso no es tu imaginación. Esa es una dinámica espiritual real. Las atmósferas demoníacas pueden ser transferidas a través de la presencia de personas que las están llevando, incluso cuando esas personas no son conscientes de esto.

Esto no significa que dejes de tener gente en tu hogar. La bendición de Dios en tu hogar es mayor que cualquier residuo espiritual que un visitante podría dejar atrás. No se supone que vivas en miedo de tener invitados. Pero necesitas saber cómo limpiar tu hogar después de una visita que dejó algo atrás, y necesitas poder reconocer cuándo esa limpieza es necesaria. Las señales son las mismas que ya has aprendido a reconocer como infiltración atmosférica. Tensión repentina. Confusión inusual. Una pesadez en el aire que no estaba allí antes. Cuando observas esas señales después de que alguien ha estado en tu hogar, no esperes simplemente a que se levante por sí solo. Gobierna la atmósfera.

También hay una advertencia específica sobre hacer ministerio de liberación de alto nivel en tu hogar. Cuando te estás involucrando en trabajo espiritual profundo, echando fuera espíritus, rompiendo fortalezas, tratando con opresión demoníaca significativa, la actividad espiritual que se libera en ese proceso puede dejar un residuo en el espacio donde sucedió. Esto no es una razón para nunca ministrar en tu hogar. Pero es una razón para ser reflexivo al respecto. Si regularmente estás haciendo trabajo de liberación de alto nivel, vale la pena considerar si un espacio dedicado fuera de tu hogar, tu iglesia, una sala de oración, es más apropiado para ese nivel de ministerio. Tu hogar es el santuario de tu familia. El clima espiritual de ese espacio afecta a tus hijos todos los días. Protégelo en consecuencia.

Cuando ministres en tu hogar, o cuando hayas tenido una visita espiritualmente pesada, la práctica de barrer espiritualmente tu hogar es esencial. Esto no es un ritual. Es una función *Shamar*. Eres tú, como el centinela asignado a ese territorio, caminando a través de tu hogar y gobernando activamente la atmósfera de cada sala. Aquí está exactamente cómo hacerlo.

Comienza en la puerta principal. Unge los postes de la puerta con aceite. Esta es una práctica bíblica arraigada en la Pascua, donde la sangre en los postes de la puerta era una declaración de que este hogar pertenecía a Dios y el destructor no tenía acceso legal. El ungimiento de aceite en el contexto del Nuevo Testamento representa al Espíritu Santo. Cuando unges tus postes de la puerta, estás haciendo una declaración espiritual: este hogar está bajo la sangre de Jesús y la presencia del Espíritu Santo gobierna lo que viene a través de esta puerta. Mientras unges, habla en voz alta: "Declaro este poste ungido en el nombre de Jesús. Nada que se oponga a la presencia de Dios tiene acceso legal a este hogar. Este es un santuario de la nube de gloria."

Luego muévete a través de cada sala de tu hogar. En cada sala, pausa y ora específicamente. No estás simplemente diciendo una oración general sobre toda la casa. Estás gobernando cada espacio individualmente. En las salas de los niños, ora específicamente por la protección de sus mentes y sus espíritus. Decreta que ningún espíritu de confusión, miedo, o engaño tiene acceso a ese espacio. En las áreas de estar, decreta que cada conversación que suceda en esta sala es gobernada por el Espíritu de Dios. En tu dormitorio, declaralo un santuario de pacto, paz, y la presencia de Dios. Mientras te mueves a través de cada sala, habla en voz alta. Ordena a cualquier espíritu de caos, confusión, o pesadez que se vaya en el nombre de Jesús. Tienes la autoridad para hacer esto. Este es tu territorio asignado. Este es tu puesto.

Después de que hayas pasado a través de cada sala, párate en el centro de tu hogar o en el espacio de reunión principal y haz una declaración final. Hablala en voz alta con la autoridad de un centinela *Shamar* que conoce su asignación: "En el nombre de Jesucristo, declaro este hogar un santuario de la presencia de Dios. La nube de gloria del Señor llena cada sala de esta casa. Ninguna arma forjada contra esta familia dentro de estas paredes prosperará. Este es una casa de oración, una casa de paz, una casa del Espíritu Santo. La atmósfera de este hogar es gobernada por la Palabra de Dios y la sangre de Jesús. Está limpio.

Está santo. Está protegido. Y permanecerá así mientras yo esté como el centinela que Dios asignó a este territorio."

Esta práctica de barrer espiritualmente tu hogar no debería ser un evento una vez al año. Debería ser una parte regular de tu asignación *Shamar*. Mensualmente como mínimo. Después de cualquier actividad espiritual pesada o visita desafiante, hazlo inmediatamente. Después de cualquier estación de conflicto significativo en tu hogar, hazlo como parte de la restauración de la atmósfera. Piénsalo de la manera en que piensas en la limpieza física. No limpias tu casa una vez y asumes que permanece limpia para siempre. La mantienes. La cuidas. Esa es la función *Shamar* aplicada a tu santuario del hogar. La mantienes y la guardas, consistente y proactivamente.

Hay una más dimensión de proteger el santuario del hogar que a menudo se pasa por alto. Es la atmósfera que traes a casa contigo. Has estado en el mundo todo el día. Has estado en ambientes que no son gobernados por el Espíritu de Dios. Has estado en reuniones, conversaciones, tráfico, lugares de trabajo, todo tipo de espacios donde la atmósfera espiritual es mixta en el mejor de los casos y hostil en el peor. Y cuando cruzas la puerta principal de tu hogar, llevas lo que has estado cargando todo el día al espacio en el que vive tu familia. Eso no es algo pequeño.

Desarrolla una práctica de lo que podría llamarse una oración de umbral. Antes de entrar a tu hogar al final del día, pausa en la puerta. Treinta segundos. Ora en silencio:

"Espíritu Santo, te pido que me limpies de cualquier cosa que haya recogido hoy que no pertenezca en mi hogar. Sacudo todo residuo espiritual de cada ambiente en el que he estado. Vengo a este hogar llevando la nube de gloria, no el peso del mundo. Este hogar es un santuario y estoy entrando como el centinela asignado para protegerlo." Luego entra. Esa práctica de treinta segundos es una de las cosas más prácticas que puedes hacer para mantener la atmósfera de tu santuario del hogar. Porque la fuente más consistente de infiltración atmosférica en la mayoría de los hogares no son los visitantes que entran. Son los miembros de la familia que regresan a casa sin pensar en qué están trayendo consigo.

Tus hijos están viendo cómo gobiernas la atmósfera de tu hogar. Pueden que no tengan el lenguaje para ello todavía. Pero lo sienten. Sienten la diferencia entre un hogar donde la atmósfera es consistentemente gobernada y uno donde se deja desguardado. Sienten la paz de un hogar donde el centinela está en su puesto. Y conforme crecen, esa experiencia de vivir en una atmósfera gobernada se convierte en parte de cómo entienden lo que significa llevar el ungimiento *Shamar* a sí mismos. No los estás protegiendo solo ahora. Estás modelando para ellos lo que se ve como ser un guardián. Estás mostrándoles que la atmósfera de un espacio es algo que puede ser gobernado, que no solo te sucede, que tienes autoridad sobre ella. Esa es una de las cosas más poderosas que puedes pasar a la próxima generación.

Tu Puesto, Tu Práctica, Tu Atmósfera

Todo en este capítulo se reduce a una realidad: gobiernas tu atmósfera, o tu atmósfera te gobierna. No hay terreno neutral. El ungimiento *Shamar* que llevas es más poderoso cuando está operando activa e intencionalmente en los espacios que Dios te ha asignado. El discernimiento sin acción es solo percepción. La autoridad sin uso es solo potencial. El centinela que ve qué está sucediendo en la atmósfera y luego responde con precisión y autoridad es el que en realidad cambia los resultados para las personas bajo su cuidado.

Aquí están tus pasos de acción para este capítulo. Hay cuatro de ellos. Hazlos esta semana, en orden.

El primer paso de acción es hacer un barrido espiritual completo de tu hogar esta semana. Aparta una hora. Obtén aceite de unción si tienes uno, el aceite de oliva funcionará. Comienza en la puerta principal. Unge los postes de la puerta. Habla la declaración en voz alta. Luego muévete a través de cada sala, una por una, orando específicamente sobre cada espacio. Ordena a cualquier espíritu de caos, confusión, o pesadez que se vaya en el nombre de Jesús. Declara cada sala una zona de la presencia de Dios. Termina en el centro de tu hogar con la declaración final de este capítulo. Escribe la fecha en tu diario cuando lo hayas hecho. Esa fecha es tu punto de partida para hacer esto una práctica regular.

El segundo paso de acción es comenzar la práctica de la oración de umbral comenzando hoy. Todos los días esta semana, antes de que cruces la puerta principal de tu hogar al final del día, pausa en el umbral y reza la oración de limpieza de treinta segundos. No la saltes porque estés cansado o apurado. Los días cuando más cansado estés y más apurado, eres más probable que lleves algo a casa que no pertenezca allí. Hazla un hábito innegociable. Al final de la semana se sentirá natural. Al final del mes se sentirá esencial.

El tercer paso de acción es identificar la próxima reunión de alto riesgo o interacción espiritual significativa que tengas próxima y aplicar los principios de la reunión territorial de este capítulo. Decide de antemano si debería suceder en tu territorio, en terreno neutral, o en el de ellos. Construye tu nube durante veinte minutos antes de que comience. Ora específicamente para que el Espíritu Santo gobierne la atmósfera de ese espacio. Después de la reunión, tómate cinco minutos para orar sobre ti mismo antes de ir a casa. Escribe lo que observaste sobre la atmósfera durante esa reunión y si tu preparación hizo una diferencia. Esa observación se convierte en parte de tu educación continua como centinela *Shamar*.

El cuarto paso de acción es comenzar a practicar el discernimiento atmosférico diariamente. Cada vez que entres a un nuevo espacio esta semana, pausa en el umbral durante treinta segundos y revisa tu espíritu. Hazte las tres preguntas: qué siento aquí, ¿es esto consistente con la presencia de Dios?, y ¿qué quiere hacer mi espíritu en respuesta? Escribe tus observaciones cada día. Al final de la semana tendrás un registro de cómo está funcionando tu discernimiento y cuáles ambientes en tu vida regular necesitan gobierno espiritual más consistente de tu parte.

El ungimiento *Shamar* sobre tu familia y tu ciudad se construye en el trabajo diario, práctico, sin glamur de gobernar la atmósfera de los espacios que Dios ha puesto bajo tu cuidado. Es el aceite de ungimiento en los postes de la puerta. Es la oración de umbral de treinta segundos. Son los veinte minutos de construcción de nube antes de una reunión. Es el decreto tranquilo en una sala que nadie más escuchó pero que cambió algo en el espíritu. Esto es lo que se ve como ser un guardián. No solo en la sala de oración. En cada sala que has sido asignado a guardar.

Gobernando Tu Atmósfera

Activación y Reflexión

---

1. ¿Qué atmósfera estás creando actualmente en tu hogar, lugar de trabajo o iglesia a través de tus palabras, actitudes y oraciones?

____
____
____
____

2. Identifica una área de tu vida donde la atmósfera espiritual ha sido contaminada. ¿Qué ha contribuido a eso, y qué harás para cambiarlo?

____
____
____
____

3. ¿Cómo tu altar de oración personal afecta el clima espiritual de tu hogar?

____
____
____
____

4. ¿Qué decretos o declaraciones quiere Dios que hables regularmente sobre tu territorio para establecer y mantener una atmósfera piadosa?

____

____

____

____

5. Describe cómo se ve tu atmósfera espiritual ideal en casa, en tu iglesia y en tu ciudad — luego escribe una declaración llamándola a la existencia.

____

____

____

____

Gobernando Tu Atmósfera

Un Decreto Atmosférico

Padre, tomo autoridad sobre la atmósfera de mi hogar, mi iglesia y mi comunidad. Decreto que el aire está libre de confusión, miedo, depresión y división. Libero la atmósfera del cielo — paz que sobrepasa el entendimiento, gozo inefable, y la gloria de tu presencia manifiesta. Soy un termostato, no un termómetro — establezco la temperatura espiritual, no simplemente la leo. Que la atmósfera del cielo sea establecida en cada espacio que administro. En el nombre de Jesús, Amén.

CAPÍTULO CATORCE

El Principio de la Gracia Previniente

Hay una paz que está disponible para cada intercesor que la mayoría nunca llega a experimentar plenamente. No es la paz de tenerlo todo resuelto. No es la paz que viene de ver cada oración respondida exactamente como esperabas. Es algo más profundo que eso. Es la paz de saber que porque dijiste sí a Dios, porque entraste en alineación con Cristo y tomaste tu lugar como centinela sobre tu familia, algo ya ha sido establecido legalmente en el cielo en favor de los que amas. Algo ya está trabajando en su favor antes de que lo sientan, antes de que le respondan, antes de que ni siquiera sepan que está ahí. Esa es la gracia previniente. Y comprenderla cambia todo sobre cómo llevas tu asignación.

La mayoría de los interesores están cargando más temor del que necesitan. Están orando con diligencia, manteniéndose fieles, poniéndose en la brecha, y sin embargo debajo de toda esa fidelidad hay un terror silencioso. ¿Qué si mi hijo nunca vuelve a casa? ¿Qué si mi esposo nunca cambia? ¿Qué si oro toda mi vida y aun así no logran hacerlo? Ese temor es real. Es comprensible.

Pero está basado en una incomprensión de lo que tu pacto con Dios realmente hace por los que están conectados a ti.

Este capítulo te va a dar algo en lo que puedas sostenerte. No un sentimiento. Una realidad legal.

Cobertura del Pacto para el Hogar

Cuando entraste en alineación con Jesucristo, sucedió algo que fue más allá de tu propia salvación. Tu decisión de seguirlo no solo cambió tu destino eterno. Activó un pacto que lleva implicaciones legales para cada persona conectada a ti por sangre y por hogar. Ese pacto crea lo que los teólogos llaman gracia previniente, una gracia que va antes, que precede, que cubre a personas que aún no han respondido a Dios pero que están conectadas a alguien que sí lo ha hecho.

La palabra "previniente" simplemente significa "que viene antes". La gracia previniente es la gracia de Dios que va adelante de una persona, trabajando en ella antes de que ni siquiera sea consciente de ello, atrayéndola, cercándola, impidiéndole ir tan lejos que no pueda volver. Es la gracia que mantiene al hijo pródigo de morir en la pocilga. Es la gracia que hace que finalmente la tierra lejana se sienta insoportable. Es la gracia que crea las condiciones para que una persona "vuelva en sí", como Jesús lo describió en Lucas 15, incluso cuando han estado corriendo con fuerza en la dirección equivocada.

Y aquí está lo que hace esto tan significativo para el centinela *Shamar*: esa gracia es activada sobre tu hogar por tu pacto con Dios.

La promesa en Hechos 16:31 no es solo una declaración agradable. "Cree en el Señor Jesucristo y serás salvo, tú y tu casa". Esa es una declaración de pacto. Es una declaración legal de que tu fe crea una cobertura sobre las personas en tu casa. No que sean automáticamente salvos sin elegirlo ellos mismos. Dios nunca anula la voluntad de una persona. Pero significa que la gracia de Dios está trabajando activamente en ellos de una manera en que no lo estaría si no hubiera un creyente pactado en la familia. No están simplemente flotando aleatoriamente a través de la vida esperando que de alguna manera encuentren su camino a Dios. Están siendo cercados por una gracia que está trabajando específicamente porque tú estás en pacto con Aquel que sostiene toda gracia.

Piensa en lo que realmente significa para la persona por quien estás cargando la mayor carga en este momento. El hijo que se fue. El padre que nunca ha recibido a Jesús. El hermano que ha estado viviendo lejos de Dios durante años. Pueden verse libres. Pueden parecer que están haciendo lo que quieren sin interferencia espiritual alguna. Pero desde la perspectiva del cielo, no están libres. Están cercados. La gracia de Dios los rodea, está trabajando en ellos, estableciendo circunstancias, orquestando encuentros, creando momentos de convicción, cerrando puertas que los llevarían a algún lugar del cual no podrían volver. Están siendo guardados hasta que estén listos para decir sí. Y tu pacto con Dios es la base legal para esa guarda.

Esto no es algo pasivo de tu parte. Todavía oras. Todavía te pones en la brecha. Todavía emites decretos. Pero lo haces desde una postura completamente diferente cuando comprendes la gracia previniente. No estás orando desde un lugar de terror, esperando que Dios se dé cuenta y haga algo. Estás orando desde un lugar de derecho legal, recordándole al cielo un pacto que ya está en efecto, reforzando una valla que ya está levantada, y pidiendo a Dios que intensifique la obra de gracia que ya está operando en la vida de tu ser amado.

Vale la pena ser específico sobre lo que esta gracia realmente hace en la vida de una persona no salva que tiene un creyente pactado orando por ella. Primero, limita el daño que el enemigo puede hacer. Hay un límite alrededor de esa persona que el enemigo no puede cruzar sin permiso, porque las oraciones del centinela están creando una barrera legal. El enemigo todavía puede tentarla. Todavía puede presionarla. Pero no la puede destruir completamente, porque hay una cobertura de pacto sobre su vida que él tiene que confrontar. Segundo, la gracia crea un anhelo. Construye un hambre en ellos por algo más, incluso cuando no pueden nombrarlo. Las personas que tienen interesores pactados orando por ellas a menudo describen, después de que vienen a Dios, una sensación de que algo siempre las estaba atrayendo. Una inquietud que no podían explicar. Un saber de que había más. Esa es la gracia previniente haciendo su obra. Tercero, establece citas divinas. Dios orquesta encuentros, conversaciones y circunstancias específicamente diseñados para crear una apertura para que esa persona responda a Él. La persona correcta aparece en el momento correcto. Una canción suena en un momento de vulnerabilidad. Una crisis crea una grieta en la pared de resistencia. Nada de esto es aleatorio. Es la obra estratégica de gracia que ha sido activada por las oraciones de un centinela.

Piensa en una mujer llamada Renata, una mujer de 38 años que ha estado caminando con Dios durante doce años. Tiene dos hermanos adultos que nunca han entregado sus vidas a Cristo. Uno de ellos está en un estilo de vida que se ve, desde afuera, como si estuviera yendo en una dirección muy mala. Renata ora por ellos fielmente, pero ha estado cargando un peso de temor de que podrían no lograrlo. Ha estado orando desde un lugar de desesperación en lugar de desde un lugar de derecho pactado. Cuando alguien le enseña sobre la gracia previniente, algo cambia en ella. Deja de orar como si Dios no se hubiera dado cuenta de sus hermanos. Comienza a orar como una creyente pactada que sabe que la gracia de Dios ya los rodea, ya está trabajando en ellos, ya está estableciendo las condiciones para su regreso. No deja de orar. De hecho, ora más específicamente. Pero deja de tener miedo. Y ese cambio en su postura cambia la calidad y la autoridad de todo lo que presenta ante Dios en su favor.

La base legal para la gracia previniente sobre tu hogar no es tu perfección. Es tu pacto. No tienes que ser un esposo perfecto, un padre perfecto, o un creyente perfecto para que la cobertura esté en efecto. Lo que la activa es tu alineación con Cristo. Tu decisión de seguirlo. Tu disposición para ponerte en la brecha. En el momento que dijiste sí a Jesús, el pacto entró en efecto. Y ese pacto cubre a los que están conectados a ti de maneras que todavía se están desarrollando, todavía trabajando, todavía empujándolos hacia el día cuando ellos mismos digan sí.

También hay algo importante para entender sobre el creyente soltero en un hogar. No necesitas dos creyentes pactados para que esta cobertura funcione. La Biblia aborda esto directamente. En 1 Corintios 7:14, Pablo dice que el cónyuge no creyente es santificado a través del creyente. Esa palabra "santificado" no significa salvado. Significa apartado, cubierto, traído bajo la influencia de algo santo. El cónyuge creyente crea un ambiente espiritual que afecta a todo el hogar, incluyendo al que aún no ha respondido a Dios. Si eres el único creyente en tu hogar, tu pacto con Dios es aún suficiente para activar la gracia previniente sobre todos bajo ese techo. La cobertura no requiere dos personas. Requiere una persona que realmente está en pacto con Aquel que sostiene toda autoridad en el cielo y en la tierra.

Esto es también por qué la unción *Shamar* sobre tu familia no es solo sobre oración en el sentido convencional. Es sobre tu vida. La manera en que te llevas a ti mismo. La manera en que sirves a las personas en tu hogar. La manera en que amas a tu cónyuge incluso cuando son difíciles. La manera en que respondes a tus hijos con gracia en lugar de frustración. La manera en que mantienes tu integridad en los pequeños momentos diarios que nadie fuera de la casa nunca ve. Todo eso es parte de cómo opera la cobertura. No es solo lo que decretas en tu closet de oración. Es lo que modelas en tu cocina. El cónyuge no creyente, según 1 Corintios 7, es ganado no principalmente a través de la argumentación sino a través de presenciar a Cristo en la vida de la pareja creyente. Tu humildad. Tu consistencia. Tu disposición para servir sin demandar reconocimiento. Esa es la gracia previniente hecha visible. Esa es la cobertura volviéndose tangible de una manera que las personas en tu hogar realmente pueden ver y sentir.

Entonces aquí está lo que necesitas hacer específicamente con esta verdad. Deja de orar por tus miembros de familia no salvos desde un lugar de temor y comienza a orar desde un lugar de derecho pactado. La próxima vez que los presentes ante Dios, comienza no con desesperación sino con declaración. Di en voz alta: "Padre, vengo ante tu corte en este momento como una creyente pactada. Me sostengo en Hechos 16:31 como mi fundamento legal. Mi hogar está bajo la cobertura de gracia previniente porque estoy en pacto contigo. Te doy gracias de que tu gracia ya está trabajando en cada persona no salva conectada a mí. Te doy gracias de que están cercados, de que el enemigo no puede destruirlos, y de que estás orquestando las condiciones para su regreso. Refuerzo esa valla ahora mismo a través de mis oraciones. Te pido que intensifiques la obra de gracia en sus vidas. Establece las citas divinas. Crea los momentos de convicción. Haz la tierra lejana insoportable y la casa del Padre irresistible". Esa no es una oración desesperada. Esa es una centinela pactada reforzando lo que ya está legalmente en efecto.

No tienes que vivir en temor por tus seres amados no salvos. Esa no es la postura de un centinela *Shamar* que entiende la gracia previniente. Oras con urgencia, sí. Te mantienes en tu puesto, absolutamente. Pero te pones en la brecha desde un lugar de confianza establecida de que la gracia de Dios ya está haciendo lo que tú no puedes hacer. Ya está trabajando de maneras que no puedes ver. Ya está rodeando a los que amas con una cobertura que está enraizada en tu pacto con el ser más poderoso del universo. Eso no es pequeño. Esa es la realidad legal de lo que tu sí a Dios ha establecido. Sostenerse en ello.

El Poder del Voto

Hay una dimensión de la asignación del centinela que va más allá de la intercesión regular. Es la dimensión del voto. El acuerdo específico e intencional hecho con Dios que asegura algo en el reino espiritual y crea un registro legal en los tribunales del cielo que perdura más que una sola sesión de oración. Perdura una estación. En algunos casos, perdura toda una vida.

David hizo votos a Dios. Salomón heredó el beneficio de esos votos incluso cuando su propio comportamiento no lo merecía. En 1 Reyes 11:12, después de que Salomón se había apartado de Dios y Dios declaró que el reino sería arrancado de él, Dios dijo: "Sin embargo, no lo haré en tus días, por amor a tu padre David". David estaba muerto. Pero el voto que había hecho, el altar que había construido, el pacto que había establecido con Dios a través de una vida de adoración y sacrificio, todavía estaba legalmente activo en los tribunales del cielo. Estaba protegiendo a su hijo de las consecuencias plenas de sus propias opciones. El altar que David construyó no desapareció cuando David murió. Siguió estando de pie. Y siguió cubriendo.

Ese es el poder de un voto. Crea una estructura espiritual que se extiende más allá del momento en que la haces. Construye algo en el espíritu que continúa funcionando después de que te has ido. Cuando haces un voto específico a Dios, cuando dices: "Señor, me comprometo a este acto específico de obediencia o sacrificio, y te estoy pidiendo que respondas cubriendo a esta persona específica o situación", no estás simplemente haciendo una petición de oración. Estás construyendo un altar. Y los altares en el reino espiritual tienen derecho legal. Crean una demanda sobre los recursos del cielo que los tribunales del cielo reconocen y honran.

Piensa en lo que esto significa para tu linaje. Los votos que haces hoy, los altares que construyes a través de tu dar sacrificial, tu intercesión consistente, tu servicio fiel a los propósitos de Dios, estas cosas no solo afectan tu situación inmediata. Crean una herencia espiritual para las personas que vienen después de ti. Tus hijos se beneficiarán de los altares que construyas hoy. Tus nietos vivirán bajo una cobertura que tus votos establecieron antes de que nacieran. No estás solo orando por las personas frente a ti. Estás moldeando el ambiente espiritual de todo tu linaje durante generaciones por venir.

Este es uno de los aspectos más subestimados del llamado *Shamar*. La mayoría de los centinelas piensan en términos de lo inmediato. Están orando por la persona frente a ellos, la situación que pueden ver, la necesidad que está presionando en este momento. Y eso es correcto y necesario. Pero el alcance completo de la asignación del centinela incluye la vista larga. Incluye construir estructuras espirituales que protegerán y guiarán a personas que aún no han nacido. Incluye hacer votos que crean una cobertura legal sobre tu linaje que el enemigo tendrá que confrontar durante generaciones.

Un voto es diferente de una oración regular de una manera específica. Una oración es una conversación. Un voto es un contrato. Cuando haces un voto a Dios, estás entrando en un acuerdo espiritual vinculante. Estás diciendo: "Haré esta cosa específica, y en respuesta, te estoy pidiendo que hagas esta cosa específica". Dios se toma los votos seriamente. Eclesiastés 5:4-5 dice: "Cuando haces un voto a Dios, no tardes en cumplirlo. No tiene placer en los necios. Cumple tu voto". Eso no es una advertencia para desalentarte de hacer votos. Es una confirmación de que los votos tienen peso real en el espíritu. No son casuales. Son vinculantes. Y cuando los cumples, crean un registro legal de fidelidad que se convierte en parte de tu caso en los tribunales del cielo.

También hay un principio específico sobre altares activados que cada centinela necesita entender. La historia de Jesús alimentando a los cinco mil no es solo una historia de milagro. Es una lección en cómo funcionan los principios del reino. Jesús vio lo que venía. Sabía que los discípulos estaban a punto de enfrentar una tormenta en el agua que estaba diseñada para matarlos. Y en lugar de simplemente decirles que oraran, Él activó un principio. Los puso en la posición de dadores. Los hizo ser los que sirvieran a la multitud. Los hizo construir un altar de generosidad y compasión antes de que la crisis llegara. Y cuando la tormenta vino, el altar que habían construido creó una demanda legal sobre la protección del cielo. Podrían haber orado en ese bote, pero la oración sola no habría sido suficiente en ese momento. Lo que los salvó fue el principio que ya habían activado. El altar ya estaba de pie. Y aguantó.

Esa es la lección para el centinela que quiere hacer inversiones espirituales a largo plazo en el futuro de su familia. No solo oras. Construyes altares. Haces votos. Activas principios del reino a través del dar sacrificial, a través de la oración consagrada, a través de actos específicos de obediencia que crean un registro legal en los tribunales del cielo. Y esos altares siguen de pie mucho después del momento de su construcción. Siguen cubriendo. Siguen protegiendo. Siguen creando las condiciones para que Dios se mueva en favor de las personas para las que los construiste.

¿Qué se parece a un voto en términos prácticos? Es específico. Es personal. Está conectado a algo a lo que genuinamente estás dispuesto a comprometerte. Un voto que no te cuesta nada no es realmente un voto. Es un deseo. Un voto tiene peso porque implica sacrificio, porque te implica a ti colocando algo en el altar. Aquí hay algunos ejemplos de lo que esto puede parecer para un centinela *Shamar* intercediendo por el futuro de su familia.

Un voto de oración consagrada. Te comprometes con Dios que orarás específicamente por tu linaje, por nombre, durante un período de tiempo establecido cada día durante una estación definida. No una intención vaga de orar más. Un compromiso específico. "Dios, te prometo que oraré por la salvación de mi linaje treinta minutos cada mañana durante el próximo año. Estoy construyendo este altar de intercesión sobre mi familia, y te estoy pidiendo que lo honres con la gracia de la salvación para cada persona en mi linaje". Ese es un voto. Es específico. Tiene un compromiso definido. Y crea una estructura legal en el espíritu que Dios honra.

Un voto de dar sacrificial. Te comprometes a dar una cantidad específica o una porción específica de lo que tienes a los propósitos de Dios, específicamente consagrado a la salvación y destino de tu familia. Esto se conecta directamente con el principio del Salmo 41, que ya has aprendido. La persona que considera a los pobres y da sacrificialmente construye una valla legal a su alrededor y su hogar. Cuando das específicamente como un acto de fe por tu linaje, estás activando el principio de la generosidad como una demanda de pacto sobre la fidelidad de Dios hacia tu familia.

Un voto de consagración de vida. Te comprometes a un área específica de obediencia que has estado guardando. La llevas a Dios y dices: "Te estoy dando esta área de mi vida plenamente. Te la estoy consagrando. Y te estoy pidiendo que honres este acto de obediencia con un avance específico para mi familia". Ese tipo de voto, enraizado en rendición genuina y obediencia específica, crea un registro legal poderoso en los tribunales del cielo.

Sea cual sea la forma que tome el voto, la clave es que es específico, es sincero, te cuesta algo, y lo cumples. Porque un voto que no es cumplido no solo falla en construir el altar. Realmente funciona en tu contra. Eclesiastés 5:5 dice que es mejor no votar que votar y no cumplir. Así que no hagas un voto que no puedas cumplir. Haz uno que te estire pero que genuinamente estés comprometido a hacer. Y luego cúmplelo. Porque cada día que lo cumples, estás agregando otra piedra al altar. Estás reforzando la estructura legal en el espíritu. Estás construyendo algo que seguirá de pie mucho después de que te hayas ido, cubriendo a las personas en tu linaje que vendrán después de ti.

También hay algo profundamente importante sobre los votos que haces sobre tu linaje que se conecta con la unción *Shamar* en su expresión más plena. No eres solo un centinela para las personas vivas en este momento en tu familia. Eres un centinela para las generaciones. Las estructuras espirituales que construyes a través de tus votos y altares son parte de la herencia que dejas. Así como los votos de David crearon una cobertura que protegió a Salomón incluso en su fracaso, tus votos pueden crear una cobertura que proteja a tus hijos y nietos en sus momentos más vulnerables. Estás construyendo algo que te sobrevive. Esa es la vista larga del llamado *Shamar*. Ese es el centinela que no solo guarda la puerta de hoy sino construye muros que permanecerán para la próxima generación.

Aquí está tu paso de acción específico para esta sección. Siéntate esta semana con una hoja en blanco y escribe los nombres de las personas en tu linaje que aún no caminan con Dios. Escribe cada nombre. No lo filtres. No lo limites a los que crees que están cerca. Escríbelos todos. Luego ora sobre esa lista y pide a Dios que te muestre un voto específico que te está llamando a hacer en su favor. Un compromiso específico y concreto que genuinamente puedas cumplir. Escríbelo como una declaración formal. "Dios, te prometo que haré \[compromiso específico\] durante \[período de tiempo específico\], y te estoy pidiendo que honres este altar con la gracia de la salvación y el destino para las personas en esta lista". Dilo en voz alta. Fechalo. Mantenlo en un lugar donde lo verás regularmente. Y luego cumple el voto. Cada día que lo cumples, el altar se vuelve más fuerte. Cada día que lo cumples, la cobertura sobre tu linaje se vuelve más establecida en los tribunales del cielo. No estás solo orando por tu familia. Estás construyendo algo que te sobrevivirá y los protegerá mucho después de que te hayas ido.

Poniéndolo en Práctica

La gracia previniente es el resultado legal de tu pacto con Dios. En el momento que entraste en alineación con Cristo, tu familia entró bajo una cobertura que ya está trabajando, ya está activa, ya está rodeando a los que amas con una gracia que los está presionando hacia la salvación. No tienes que ganar esa cobertura. No tienes que ser perfecto para mantenerla. Simplemente tienes que permanece en tu pacto, permanece en tu puesto, y ora desde el lugar de derecho legal que tu sí a Dios estableció.

El poder del voto extiende esa cobertura más lejos y más profundo. Los altares que construyes a través de tus compromisos específicos con Dios crean estructuras legales en los tribunales del cielo que protegen tu linaje durante generaciones. Dios es un guardián de pactos. Él honró el altar de David mucho después de que David se fue. Honrará el tuyo.

Aquí están tus pasos de acción. Hay tres de ellos. Haz todos tres esta semana.

El primer paso de acción es hacer tu lista. Obtén una hoja de papel ahora mismo y escribe los nombres de cada persona no salva en tu familia y tu hogar. Cada nombre. No saltes a ninguno porque creas que está demasiado lejos o porque hayas perdido la esperanza. Escríbelos todos. Luego, al lado de cada nombre, escribe esta declaración: "Cubierto por la gracia previniente a través de mi pacto con Dios". Di cada nombre en voz alta y habla esa declaración sobre cada uno. No estás deseando. Estás declarando una realidad legal que tu pacto estableció. Haz esto como un acto de fe, no de sentimiento. El sentimiento seguirá la declaración. Mantén esa lista en algún lugar donde la veas diariamente.

El segundo paso de acción es cambiar tu postura de oración comenzando hoy. La próxima vez que ores por cualquier persona no salva en tu lista, comienza dando gracias a Dios por la gracia previniente que ya los rodea. No pidiéndole que comience a trabajar. Dándole gracias por la obra que ya está en progreso. Di específicamente: "Padre, te doy gracias de que tu gracia ya rodea a \[nombre\]. Te doy gracias de que están cercados y de que el enemigo no puede destruir lo que estás atrayendo hacia ti mismo. Refuerzo esta valla ahora mismo a través de mi oración. Intensifica la obra de tu gracia en su vida hoy". Ese cambio de petición a acción de gracias es un cambio en postura legal. Ya no le estás pidiendo a Dios que comience. Estás reforzando lo que ya está haciendo.

El tercer paso de acción es hacer un voto específico esta semana. Solo uno. Sigue el proceso de la segunda sección de este capítulo. Ora y pregunta a Dios a qué te está llamando a comprometerte en favor de tu linaje. Escríbelo como una declaración formal. Dilo en voz alta ante Dios. Fechalo. Y comienza a cumplirlo hoy. El altar comienza con la primera piedra. Colócala.

La unción *Shamar* sobre tu familia no es solo sobre lo que haces en oración. Es sobre la realidad legal de lo que tu pacto con Dios ya ha establecido. No estás guardando una familia desprotegida y esperando lo mejor. Estás reforzando una cobertura que el cielo ya ha puesto en su lugar. Sostenerse en eso. Ora desde eso. Construye tus altares desde ese lugar. Y confía en el Dios que es fiel para completar lo que comenzó, en tu vida y en las vidas de cada persona que tu pacto cubre.

El Principio de la Gracia Previniente

Activación y Reflexión

---

1. ¿Cómo el concepto de gracia previniente — la gracia de Dios que precede y prepara — cambia la manera en que oras por incrédulos o corazones endurecidos?

____

____

____

____

2. ¿Puedes identificar momentos en tu propia vida donde la gracia previniente estaba trabajando antes de que reconocieras la mano de Dios?

____

____

____

____

3. ¿Cómo saber que Dios ya está trabajando en las personas por las que oras te libera de intercesión basada en la ansiedad o el esfuerzo?

____

____

____

____

4. ¿Quién en tu vida está actualmente en una estación de gracia preveniente — inconsciente de la persecución de Dios? ¿Cómo ese conocimiento alimenta tus oraciones por ellos?

____

____

____

____

5. ¿Cómo puedes posicionarte como cocoadyuvante de la gracia preveniente — cooperando con lo que Dios ya está haciendo en lugar de intentar forzar resultados?

____

____

____

____

El Principio de la Gracia Previniente

Una Oración Cooperando con Gracia

Padre de misericordia, te doy gracias porque tu gracia precede a cada persona por la que intercedo. Ya estás trabajando en corazones que no puedo alcanzar — suavizando, atrayendo, preparando la tierra. Alineo mis oraciones con tu gracia preveniente hoy. Suelto el control y me uno al trabajo que ya estás haciendo. Remueve todo obstáculo que el enemigo ha colocado en el camino de los que estás llamando. Que toda semilla de intercesión que he plantado produzca fruto en tu tiempo perfecto. En el nombre de Jesús, Amén.

CAPÍTULO QUINCE

La Soberanía y la Misericordia del Juicio

Entendiendo la Misericordia en la Tormenta

Hay una historia en la Escritura que la mayoría de la gente lee y se va confundida. Primero de Crónicas 21 dice que Satanás se levantó contra Israel e impulsó a David a contar al pueblo. Pero luego vas a Segundo de Samuel 24 y lees el mismo evento, y dice que Dios impulsó a David a contar al pueblo. El mismo evento. Dos relatos diferentes. Uno dice Satanás. Otro dice Dios. Y si no entiendes lo que Dios estaba realmente haciendo en ese momento, pasarás el resto de tu vida malinterpretando cómo Él actúa en las estaciones difíciles de tu vida y en las vidas de los pueblos por quienes estás de pie en la brecha.

El corazón de David ya había girado. No de repente. Gradualmente. Silenciosamente. De la manera en que los corazones siempre se desvían. Y Dios, quien amaba a David profundamente, lo vio. Vio a dónde lo estaba llevando esa desviación. Vio el destino eterno de un hombre cuyo corazón se estaba alejando de la fuente de su vida. Y entonces Dios, en un acto que se ve aterrador en la superficie pero que es realmente lo más amoroso que pudo haber hecho, permitió que David hiciera exactamente lo que expondría lo que ya estaba en su corazón. Dejó que David contara al pueblo. Dejó que el engaño siguiera su curso. Y cuando vinieron las consecuencias, David cayó de rodillas ante Dios. Se arrepintió. Se lanzó a la misericordia de Aquel de quien se había desviado. Y ese acto de arrepentimiento, ese quebrantamiento, ese desmantelamiento del orgullo que había estado construyéndose silenciosamente, salvó su alma.

Eso es misericordia. No siempre parece misericordia. Pero lo es.

Esta es una de las verdades más sobrias y más liberadoras que puede llevar un centinela *Shamar*. Dios se preocupa más por tu destino eterno que por tu comodidad actual. Se preocupa más por el alma de la persona por quien estás en intercesión que por sus circunstancias inmediatas permaneciendo agradables. Cuando permite que una persona camine hacia las consecuencias de lo que hay en su corazón, cuando deja que el engaño corra hasta que llega el choque, no está siendo cruel. Está siendo un Padre que sabe que el choque es lo único que traerá a su hijo a casa antes de que sea demasiado tarde.

Piensa en lo que esto significa para la gente en tu *metron* que parece estar en una estación de colapso completo. La persona cuya vida se está derrumbando de una manera que parece que Dios los ha abandonado. El creyente que hizo elecciones que lo llevaron a algún lugar oscuro y ahora está viviendo en los escombros de esas elecciones. El pródigo que fue tan lejos que apenas puedes reconocerlo. Desde el exterior, se ve como juicio. Desde la perspectiva del cielo, podría ser lo más misericordioso que Dios podría hacer por esa alma. Está derribando ladrillo por ladrillo todo lo que fue construido sobre un fundamento que no era Él. No para destruirlos. Para salvarlos. Para eliminar toda cosa falsa hasta que todo lo que queda es la única cosa que realmente necesitan.

La Biblia lo expresa claramente en 1 Corintios 5:5. Pablo habla de entregar a alguien a Satanás para la destrucción de la carne, pero la salvación del espíritu. Esa es una oración que debería detenerte. Dios puede usar la propia mano del enemigo para lograr Sus propósitos redentores. No porque apruebe la destrucción, sino porque tiene soberanía sobre todo esto. Todo en el cielo, en la tierra y debajo de la tierra está sujeto a Él. Puede comandar a un demonio de la misma manera que comanda a un ángel. No está limitado por lo que nos parece caos. Está trabajando en él, a través de él, y a pesar de él para traer a Sus hijos a casa.

El engañador y el engañado son juzgados por la misma medida. Ese es otro pedazo de esta verdad que es fácil de pasar por alto. Cuando Abraham le dijo a Sara que dijera que era su hermana, el rey que la tomó en su hogar fue engañado. Él no sabía que era la esposa de Abraham. Actuó en ignorancia. Y sin embargo Dios vino a él en un sueño y dijo: "Si la tocas, morirás." La acusación contra el rey engañado fue del mismo peso que la acusación contra quien engañó. ¿Por qué? Porque lo que sea que esté en el corazón de quienes pueden ser engañados es de igual medida contra Dios que el engaño mismo. El corazón que es vulnerable al engaño ya está cargando algo que no le pertenece. Y la misericordia de Dios lo expondrá, incluso cuando la exposición parece ser juicio.

Esto no es acerca de justicia. Esa es la distinción crítica. Cuando Dios permite que alguien pase por un naufragio, cuando permite que las consecuencias de un corazón que se desvía se manifiesten completamente, no está balanceando un registro cósmico. Está alcanzando por un alma. Está usando lo único que atravesará la armadura de un corazón que ha estado endureciéndose lentamente sin saberlo. El naufragio está diseñado para traerlos de vuelta. Cada parte de él. La severidad de la misericordia es proporcional a la profundidad de la desviación. Cuanto más lejos ha ido alguien, más dramática tiene que ser la intervención a veces. No porque Dios sea duro. Porque es minucioso. No perderá un alma que ama sin agotar todos los medios disponibles para traerla a casa.

Como un centinela *Shamar*, esta verdad cambia cómo oras por personas en colapso. Dejas de orar para que Dios restaure lo que tenían. Comienzas a orar para que la misericordia de Dios haga su obra completa. Dejas de pedirle que detenga el dolor. Comienzas a pedirle que haga el dolor productivo. Dejas de interceder para que las circunstancias mejoren y comienzas a interceder para que el alma sea salvada. Eso no es frío ni insensible. Esa es la oración más amorosa que puedes hacer por alguien en un naufragio. Porque Dios no se preocupa por ahora mismo. Se preocupa por la eternidad. Y un centinela que ora con esa perspectiva está orando desde el mismo corazón que Dios tiene para la gente que ama.

Hay una práctica específica para llevar esta verdad a tu intercesión. La próxima vez que estés de pie en la brecha por alguien cuya vida parece estar en colapso, antes de orar por restauración, ora esto primero: "Dios, deja que tu misericordia haga su obra completa. No dejes que salgan de esto de la misma manera en que entraron. Que toda cosa falsa caiga. Que toda desviación sea expuesta. Que el naufragio logre lo que fue enviado a lograr. Y tráelos a casa." Esa oración es la oración de un centinela que confía en la soberanía de Dios incluso cuando parece que todo se está derrumbando. Es la oración que alinea tu intercesión con lo que el cielo realmente está haciendo en lugar de pedirle a Dios que detenga lo que está en medio de completar.

Las cosas que son permanentes no pueden ser cambiadas. Jesús está volviendo. El juicio final es real. Los libros del cielo están abiertos. Estas no son negociables. Pero las circunstancias de la vida de una persona, el camino en el que actualmente se encuentran, la condición del corazón que los impulsa hacia la destrucción, esas no son permanentes. Pueden cambiar a través del poder de la oración. Pueden cambiar a través de la misericordia de un Dios que está dispuesto a usar incluso la tormenta para traer a Sus hijos a casa. Moisés se puso ante Dios y suplicó por Israel cuando Dios dijo que los destruiría. Y Dios se arrepintió. Eso no fue suerte. Fue un intercesor que entendió que todo lo que se relaciona con la tierra puede ser cambiado a través del poder de la oración, excepto lo que Dios ya ha declarado permanente. La tormenta puede cambiar. El corazón puede cambiar. El destino puede cambiar. Pero solo si alguien está de pie en la brecha, orando no por comodidad sino por completitud, no por facilidad sino por eternidad.

Esa es la misericordia en la tormenta. Y un centinela que la entiende no huye de las estaciones difíciles en las vidas de la gente que está asignada a cuidar. Se inclinan. Oran más fuerte. Se paran más firmes. Porque saben que la tormenta no es el final de la historia. Es la misericordia de Dios trabajando para escribir una mejor.

Embajadores vs. Rebeldes

Hay una diferencia entre ir y ser enviado. Sucna simple. Pero es la diferencia entre caminar en el respaldo completo del cielo y caminar hacia una lucha para la que nunca fuiste equipado para ganar solo. Los hijos de Sceva pensaban que podían ir. Vieron lo que Pablo estaba haciendo. Escucharon el nombre de Jesús siendo usado con poder. Y se acercaron a un hombre con un espíritu maligno y dijeron: "Te ordenamos en el nombre de Jesús a quien Pablo predica." El demonio los miró y dijo: "A Jesús conozco, y a Pablo conozco, pero ¿quiénes sois vosotros?" Y luego los atacó. Corrieron fuera de esa casa desnudos y heridos.

Fueron. No fueron enviados.

Un embajador no se mueve por su propia iniciativa. Un embajador se mueve con la autoridad completa y los recursos del gobierno que lo envió. Cuando un diplomático entra en una nación extranjera, no va como ciudadano privado esperando que las cosas salgan bien. Va representando el peso completo de su país de origen. La autoridad que llevan no es personal. Es posicional. Fluye del que los envió. Y esa distinción importa enormemente en el reino espiritual, porque los demonios no responden a la confianza personal. Responden a la autoridad delegada. Responden al respaldo legal de un remitente cuya jurisdicción tienen que reconocer.

Por eso la rendición de cuentas no es una restricción en el llamado *Shamar*. Es la fuente de su poder.

Cuando estás correctamente alineado con Cristo y correctamente cubierto por tu autoridad espiritual, cuando te mueves hacia una asignación con la bendición de quien Dios ha colocado sobre tu vida, no vas solo. Su gracia va contigo. Sus ángeles se extienden para cubrir tu territorio. Las batallas que enfrentes en esa asignación tienen una autoridad más alta comprometida a tu favor. Pero cuando vas sin ser enviado, cuando te abre paso hacia la guerra espiritual en una región donde no tienes asignación y no tienes cobertura, te expones a un contragolpe que el enemigo tiene todo derecho legal de traer contra ti. No te está atacando porque es más poderoso. Te está atacando porque entraste en su territorio sin autorización. Y el mundo espiritual conoce la diferencia.

Hay una ilustración real y sobria de este principio en la historia de un joven ministro que fue a Atlanta en sus veinte años, ardiendo de celo, y comenzó a ordenar a principalidades que cayeran sobre la ciudad. No era malicioso. Tenía pasión. Amaba a Dios. Pero no tenía asignación allí. Sin cobertura en esa región. Sin invitación de la autoridad espiritual de esa tierra. Estaba yendo, no siendo enviado. Y en el camino a casa, un auto golpeó su vehículo de frente a alta velocidad. La colisión le rompió las costillas. Su vehículo fue destruido. Lo que entendió después fue que el espíritu que había confrontado en Atlanta lo siguió de vuelta a su propia región para represalia. Los demonios tienen asignaciones, no solo ubicaciones geográficas. Son rebeldes por naturaleza. Y cuando entras en su territorio sin autorización, no solo lo dejan pasar. Te persiguen donde eres más vulnerable.

Esta no es una historia destinada a producir miedo. Es una historia destinada a producir sabiduría. El centinela que entiende el principio de ser enviado no se encoge de la guerra espiritual. Se convierte en más preciso al respecto.

Se hace las preguntas correctas antes de moverse. ¿Estoy correctamente alineado con Cristo ahora mismo? ¿Hay algo entre mí y Dios que necesita ser abordado antes de que entre en esto? ¿Estoy correctamente cubierto? ¿La autoridad espiritual en mi vida sabe lo que estoy haciendo y me han liberado para hacerlo? ¿Estoy invitado o estoy siendo enviado? ¿Hay alguien con autoridad en este territorio que me haya pedido que venga y ore?

Las tres preguntas necesitan una respuesta clara de sí antes de que te muevas hacia confrontación de alto nivel.

Ser invitado significa que alguien con autoridad en esa región específicamente te ha pedido que vengas y ores. Ser enviado significa que Dios te ha dirigido que vayas y tu cobertura espiritual lo ha confirmado. Ambos importan. Si estás invitado pero no enviado, podrías estar yendo por las razones equivocadas. Si sientes que eres enviado pero nadie en autoridad sobre ti lo ha confirmado, ve más lentamente. Dios trabaja a través del orden. No evita la estructura que diseñó. Y cuando honras esa estructura, la gracia de tu cobertura va contigo. Cuando la evitas, vas solo. Y un centinela que va solo hacia guerra espiritual de alto nivel es un centinela que está a una confrontación de ser abrumado.

También hay una dimensión del tiempo divino que todo centinela debe aprender a honrar. No solo dónde vas, sino cuándo. Hay estaciones cuando Dios está preparando algo en un territorio y el tiempo de tu intercesión importa enormemente. Moverse antes del tiempo designado puede realmente interrumpir lo que Dios está configurando. Moverse después de que la ventana se cierra significa que el momento ha pasado. El centinela que está correctamente alineado con su cobertura, que está consistentemente en la postura *Tsaphah* de mirar desde la torre y esperar a que Dios hable, sabrá el tiempo. No se moverá por celo. Se moverá por asignación. Y la diferencia en los resultados espirituales será dramática.

El rebelde se mueve cuando siente que está listo. El embajador se mueve cuando es enviado. El rebelde lucha con su propia fuerza. El embajador lucha con el respaldo completo del gobierno que representa. El rebelde enfrenta al enemigo solo. El embajador enfrenta al enemigo con los recursos del cielo detrás. Y cuando la batalla termina, el rebelde vuelve a casa herido y confundido acerca de qué salió mal. El embajador vuelve a casa llevando el fruto de una victoria que nunca fue realmente suya para ganar en primer lugar. Siempre fue la victoria del cielo. Solo eran el que fue enviado a estar en la brecha y hacerla cumplir.

Aquí está lo que necesitas hacer específicamente para caminar en la autoridad completa de un embajador en lugar de la exposición de un rebelde. Primero, antes de cualquier acto significativo de guerra espiritual o cualquier asignación que te saque de tu *metron* establecido, llévalo a tu cobertura espiritual. No como una formalidad. Como un acto genuino de sumisión. Cuéntales lo que estás sintiendo. Pídeles que oren sobre esto. Pídeles que confirmen o redirijan. Si lo confirman, recibe su bendición y ve sabiendo que su gracia va contigo. Si te redirigen, confía que Dios te está protegiendo de algo que no puedes ver completamente. Segundo, cuando estés en un territorio o una situación donde sientas oposición espiritual que es mayor que tu autoridad personal, no intentes atravesarla solo. Regresa a tu cobertura. Pídeles que oren. Deja que su autoridad más alta se comprometa en la batalla en tu favor. Eso no es debilidad. Es sabiduría del reino. Es lo mismo que hizo Pedro cuando Jesús le dijo que Satanás había demandado un juicio contra él. Jesús dijo: "He orado por ti." Pedro no peleó esa batalla solo. Tenía a alguien de autoridad más alta de pie en la brecha por él. Ese es el principio de cobertura operando exactamente como Dios lo diseñó.

Tercero, guárdate contra el espíritu de celo que parece fe pero opera como rebelión. El celo es bueno. La pasión por Dios es buena. Pero el celo sin sumisión es peligroso. Los interesores más celosos son a menudo los más vulnerables a esta trampa porque genuinamente aman a Dios y genuinamente quieren ver las cosas cambiar. Pero el amor por Dios no anula la necesidad del orden. En realidad, lo profundiza. Porque la persona que verdaderamente ama a Dios también ama lo que Dios ama. Y Dios ama el orden que diseñó. Ama la estructura de cobertura y envío. Ama al centinela que se mueve en alineación, no solo en pasión. Cuando tu celo es sometido a tu cobertura, se convierte en una fuerza contra la que el enemigo no puede estar. Cuando no está sometido, se convierte en una puerta abierta.

Muchas personas sienten que el requisito de ser enviado es una restricción. Dios lo llama protección. Hay lugares a los que no deberías ir incluso si quieres ir. Hay batallas en las que no deberías involucrarte incluso si sientes que eres capaz de involucrarte. El límite de tu asignación no es una limitación de tu llamado. Es la forma de tu autoridad. Y un centinela que permanece dentro de la forma de su autoridad, que se mueve solo cuando es enviado y solo en alineación con su cobertura, lleva un peso en el espíritu que un rebelde nunca puede acceder. Porque el peso no es suyo. Pertenece a Aquel que lo envió. Y Aquel que lo envió es la fuerza más poderosa del universo.

El Llamado Final a la Pared

Estamos más cerca del retorno de Jesucristo que nunca. Eso no es una declaración destinada a crear ansiedad. Es una declaración destinada a crear urgencia. La Puerta Oriental es la puerta hacia la cual el mapa de ruta de Nehemías apunta, la puerta por la cual el Rey regresará. Y el espacio entre donde estamos ahora y ese momento se está estrechando cada día. El enemigo lo sabe. Por eso la presión se está intensificando. Por eso los ataques contra familias, contra iglesias, contra interesores son más pesados que nunca. Está trabajando a tiempo extra porque sabe que su tiempo es corto.

Y Dios está buscando personas que se paren en la brecha.

Ezequiel 22:30 dice que buscó un hombre que estuviera de pie en el seto y no lo encontró. Ese versículo debería sacudir a cada persona que lleva la unción *Shamar*. Nos estamos acercando al regreso de Cristo y hemos perdido nuestro deseo de orar. Ese es el peligro. No solo que el mundo se está volviendo más oscuro. El peligro es que las personas que se supone deben estar de pie en la brecha están distraídas, desalentadas y desconectadas de la urgencia de la hora. Un centinela sin urgencia es solo una persona de pie sobre una pared. La urgencia de la Puerta Oriental es lo que convierte una vida de oración en una asignación del reino.

Nehemías nunca bajó de la pared. Tres espíritus vinieron contra él. Sanbalat trajo desaliento. Tobías trajo calumnia. Los asdoditas trajeron confusión. Los tres al mismo tiempo. Y la Biblia dice que construyó con una mano y peleó con la otra. Nunca dejó de construir. Nunca bajó. Porque entendía que había demasiadas almas en la línea para dejar que la estrategia del enemigo tuviera éxito. Había gente dentro de las paredes que necesitaba que las paredes se construyeran. Había gente cuya seguridad, cuyo futuro, cuyo destino dependía de un hombre que permaneciera en su puesto cuando todo en lo natural le gritaba que renunciara.

Esa es tu asignación ahora mismo.

Cada persona en tu *metron* está en algún lugar del ciclo de Nehemías. Algunos de ellos todavía están en la Puerta de las Ovejas, aún no salvos, siendo atraídos por la gracia previniente que tu pacto con Dios ha activado sobre tu hogar. Algunos de ellos están atrapados entre la Puerta del Valle y la Puerta del Estiércol, dando vueltas alrededor de la misma montaña, sin poder soltar lo que el valle estaba destinado a quitar. Algunos de ellos están de pie justo en el borde de la Puerta del Agua, justo en el umbral de su propósito divino, siendo retenidos por el espíritu del miedo que el enemigo envía a cada persona que está a punto de entrar en lo que Dios escribió sobre ellos antes de que nacieran. Cada uno de ellos necesita un centinela que no baje.

Estar de pie en la brecha significa más que mostrar oración cuando te apetece. Significa colocarte entre el cielo y la tierra para que las cosas que deben suceder sucederán y las cosas que no deben suceder no sucederán. Significa orar personas a través del ciclo incluso cuando no puedes ver ningún movimiento. Significa decretar sobre tu ciudad incluso cuando la atmósfera se siente resistente. Significa permanecer en tu puesto a través del desaliento de Sanbalat, a través de la calumnia de Tobías, a través del espíritu asdodita de confusión, porque entiendes que la pared aún no está terminada y la gente dentro aún te necesita allí.

Piensa en lo que sucede cuando un centinela deja su puesto. El enemigo no se anuncia a sí mismo. Se mueve silenciosamente. La división se desliza hacia una iglesia a través de un pequeño desacuerdo que debería haber sido orado antes de que se convirtiera en un argumento público. La confusión se asienta sobre una familia que debería haber tenido un centinela de pie vigilando la atmósfera de ese hogar. Un joven toma una decisión que cambia la trayectoria de su vida, y nadie estaba orando por él a través de la puerta en la que estaba de pie. El daño que sucede en lugares sin guardia no siempre es dramático. Mucho de él es lento, sutil y consistente. Y cuando las personas lo notan, la raíz ya ha profundizado. El centinela que permanece en la pared lo previene. No siendo perfecto. Por estar presente.

También hay una dimensión legislativa del llamado final que todo centinela *Shamar* necesita llevar. No eres solo una persona que ora. Eres miembro del gobierno de Dios. Eres parte de la *ecclesia*, el pueblo judicial y legislativo de Dios, a quienes se les han dado las llaves del reino y la autoridad de atar y desatar en el reino espiritual. Cada decreto que emites de los tribunales del cielo tiene posición legal. Cada contrato que estableces a través de atar y desatar es aplicado por el cielo. El enemigo no puede simplemente ignorar lo que has establecido legalmente en el espíritu. Tiene que responder a ello. Y un centinela que entiende esto no solo ora esperando que algo cambie. Legislan. Gobiernan la atmósfera sobre su territorio asignado con la autoridad de alguien que sabe que está de pie en la corte correcta, a través de la sangre correcta, con la evidencia correcta.

La diferencia en una persona cuya vida sube y una persona cuya vida baja es su capacidad de orar. No solo de decir palabras. De saber cómo orar. La oración es un arte. No es solo emoción. No es solo volumen. Son principios del reino aplicados con precisión y fe. La persona que sabe cómo construir su caso en los tribunales del cielo, que sabe cómo activar el principio correcto en el momento correcto, que sabe cómo estar de pie en la brecha con la autoridad de un embajador y la fidelidad de un guardián, esa persona no solo sobrevive a las estaciones difíciles. Cambian el resultado de esas estaciones para todos en su esfera.

Fuiste construido para esto. Los deseos que han estado en tu corazón desde que eras joven no fueron accidentes. La carga que llevas por la gente en tu vida no es un rasgo de personalidad. La manera en que te despiertas a las tres de la mañana con un peso que no puedes explicar no es ansiedad. Es un llamado. Es la unción *Shamar*, el antiguo llamado de guardián, presionando sobre tu espíritu porque Dios te diseñó para estar en esta puerta, en esta hora, para esta gente. Y te ha estado preparando a través de cada valle por el que has caminado, cada puerta por la que has pasado, cada estación de aplastamiento que te ha liberado de lo que no debería estar allí para que pudieras llevar lo que Él realmente diseñó para ti.

Permanece en la pared. No porque sea fácil. Porque hay demasiadas almas en la línea para bajar. No porque siempre veas resultados. Porque la pared se está construyendo, puerta por puerta, oración por oración, decreto por decreto, lo veas o no. No porque lo tengas todo claro. Porque Aquel que te envió lo tiene todo claro, y tu trabajo es permanecer en tu lugar y confiar en Su soberanía sobre todo lo que no puedes controlar.

La Puerta Oriental está más cerca de lo que parece. El Rey está volviendo. Y cuando lo haga, está buscando centinelas que permanecieron en su puesto. Que siguieron construyendo cuando el enemigo intentó desalentarlos. Que mantuvieron su identidad cuando el enemigo intentó calumniarlos. Que mantuvieron su claridad cuando el enemigo intentó confundirlos. Que oraron personas a través del ciclo incluso cuando el ciclo fue largo. Que estuvieron de pie en la brecha incluso cuando nadie más sabía que estaban de pie allí.

Esa es la unción *Shamar*. Ese es el antiguo llamado de guardián sobre tu familia y tu ciudad. Y no termina hasta que el Rey entre por la Puerta Oriental.

Comprométete, Renueva y Permanece

Todo en este capítulo, y todo en este libro, ha estado construyendo hacia un momento. No un sentimiento. Una decisión. La decisión de tomar tu lugar en la pared y rehusarte a dejarlo. La decisión de llevar la unción *Shamar* sobre tu familia y tu ciudad con la comprensión completa de lo que cuesta, lo que requiere, y lo que logra en el reino espiritual. La decisión de ser la persona que Dios estaba buscando en Ezequiel 22, la que encontró cuando buscó a alguien para estar de pie en la brecha.

La soberanía de Dios asegura que incluso tus fracasos pueden ser redimidos a través de Su misericordia. El valle por el que pasaste no te descalificó. Las estaciones en las que bajaste de la pared no terminaron tu asignación. Las veces que el desaliento ganó por una estación no cancelaron lo que Dios escribió sobre ti antes de que nacieras. Su misericordia es más grande que tu historia. Y Su llamado sobre tu vida es irrevocable. Romanos 11:29 dice que los dones y el llamado de Dios son sin arrepentimiento. Él no los toma de vuelta. Él no los reasigna a otro porque tuviste una estación difícil. Él espera. Él trabaja a través del valle para librarte de lo que habría corrupto la asignación. Él te trae a la Puerta del Estiércol para quitar lo que no debería estar allí. Él te llena en la Fuente de la Vida con lo que necesitas para llevar lo que diseñó para ti. Y luego te trae de vuelta a la pared, mejor equipado que antes, llevando menos del viejo yo y más de lo que Él realmente puso allí.

Tus pasos de acción final son cuatro. No son complicados. Pero requieren compromiso. Hazlos en orden y hazlos esta semana.

El primer paso de acción es escribir una renovación formal de tu voto de centinela. No una oración. Un voto. Un compromiso específico y escrito con Dios de que estás renovando tu asignación como centinela *Shamar* sobre tu *metron* asignado. Escríbelo en primera persona. Hazlo específico. Nombra el territorio que Dios te ha dado. Nombra a la gente que estás asignada a cuidar. Nombra las puertas en las que te estás comprometiendo a estar. Escríbelo a mano si puedes. Hay algo acerca del acto físico de escribir un voto que lo ancla de una manera que escribir a máquina no lo hace. Habla en voz alta cuando termines. Ponle fecha. Mantenlo en algún lugar donde lo verás regularmente. Esta es tu renovación formal de tu puesto. El enemigo te vio leer este libro. Sabe lo que sabes ahora. Tu voto es una declaración legal en los tribunales del cielo de que no te estás moviendo.

El segundo paso de acción es identificar a una persona en tu *metron* que actualmente está en el lugar más crítico en el ciclo de Nehemías y comprometerte a treinta días de intercesión diaria, específica y dirigida únicamente para esa persona. Una persona. Nombrada. Específica. Usando todo lo que has aprendido en este libro. Ubícalas en el ciclo. Identifica la puerta en la que están. Ora la oración específica para esa puerta cada día durante treinta días. Construye tu caso en los tribunales del cielo en su favor. Activa un principio del reino que se corresponda con lo que necesitan. Decreta su destino en voz alta sobre ellos por nombre. Treinta días. Consistente. Específico. Eso no es un compromiso pequeño. Pero es exactamente el tipo de fidelidad que mueve a las personas a través de puertas por las que no podrían pasar por sí solos.

El tercer paso de acción es establecer una estructura de responsabilidad específica para tu llamado de centinela. No solo un compañero de oración. Una relación de rendición de cuentas con alguien que conoce tu asignación, que te preguntará regularmente si estás permaneciendo en la pared, que te hablará la verdad cuando los tres espíritus están trabajando contra ti, y a quien puedes llamar cuando la batalla se vuelve pesada. Esta persona debe ser alguien bajo la misma o una cobertura espiritual más alta que la tuya. Alguien que lleva el mismo tipo de llamado. Alguien que te dirá la verdad incluso cuando no quieres escucharla. Comunícate con esa persona esta semana. Cuéntales a qué te estás comprometiendo. Pídeles que te hagan responsable de ello. Un centinela que es responsable ante alguien es un centinela que es mucho más difícil de bajar de la pared.

El cuarto paso de acción es comenzar la práctica de la oración de la Puerta Oriental cada mañana comenzando mañana. Antes de orar cualquier otra cosa, antes de tu lista, antes de tus decretos, antes de tu intercesión, pronuncia estas palabras en voz alta: "Señor, estoy en mi puesto hoy con la conciencia de que estás volviendo. Oro con la urgencia de un centinela que sabe que el tiempo es corto. Cada oración que oro hoy, la oro en el contexto de la eternidad. Deja que mi intercesión impulse a la gente que me has dado hacia la preparación para tu regreso. Estoy en la pared. No me voy a mover. Ven, Señor Jesús." Treinta segundos. Cada mañana. Reposiciona todo lo que sigue. Ancla tu vida de oración en el propósito final del llamado

Shamar. Y mantiene la Puerta Oriental viva en tu espíritu cada día hasta que el Rey la atraviese.

La pared no se construye a sí misma. Las puertas no se abren por sí solas. Las almas en tu esfera no encontrarán su camino a través del ciclo sin alguien de pie en la brecha por ellas. Pero con un centinela que entiende su autoridad, que conoce su *metron*, que ora de los tribunales del cielo con posición legal a través de la sangre de Jesús, que permanece en su puesto a través de cada ataque que el enemigo envía, las cosas se mueven. La gente viene a casa. Los valles terminan. El propósito nace. La nube de gloria se forma. Y el Rey encuentra a Su gente lista cuando regresa a través de la Puerta Oriental.

Eres una pieza fundamental del reino de Dios. Incluso cuando no eres visto. Incluso cuando nadie sabe que estuviste allí. Tu presencia en la pared está sosteniendo algo que se derrumbaría sin ti. La estructura de la vida espiritual de tu familia, la atmósfera de tu iglesia, el clima espiritual de tu ciudad, todo está siendo moldeado por si un centinela está en su puesto o no. Tú eres ese centinela. Siempre has sido ese centinela. Y ahora lo sabes.

Permanece en la pared.

La Soberanía y la Misericordia del Juicio

Activación y Reflexión

---

1. ¿Cómo sostienes la tensión entre la soberanía de Dios y tu responsabilidad de interceder? ¿Tiendes hacia la pasividad o hacia el esfuerzo ansioso?

____

____

____

____

2. ¿Has experimentado una situación donde el juicio vino a pesar de tu intercesión? ¿Cómo procesaste eso espiritualmente?

____

____

____

____

3. ¿Cómo entender la misericordia de Dios dentro del juicio da forma a la manera en que oras por naciones, comunidades o individuos bajo corrección espiritual?

____

____

____

____

4. ¿Qué nos enseñaron Moisés, Abraham y Daniel sobre pararse en la brecha cuando el juicio es inminente? ¿Cuál de sus posturas te desafía más?

____

____

____

____

5. Escribe una oración de intercesión por una persona, ciudad o nación que creas está en el umbral del juicio correctivo de Dios.

____

____

____

____

La Soberanía y la Misericordia del Juicio

Una Oración de Intercesión Misericordiosa

Señor Soberano, me paro en la brecha entre tu justicia y tu misericordia. Como Moisés, me coloco en la grieta y ruego por gracia donde el juicio ha sido merecido. No minimizo el pecado, pero magnfico tu fidelidad al pacto. Ten misericordia, Señor — no porque la merezcamos, sino por quién eres. Vuelve los corazones a ti antes de que llegue la hora de corrección. Que la misericordia triunfe sobre el juicio. En el nombre de Jesús, Amén.

CONCLUSIÓN

El Legado del Guardián

El Legado del Guardián

Has recorrido un largo camino desde donde esto comenzó.

Cuando abriste este libro, es posible que hayas sabido que algo se estaba removiendo en ti pero no podías nombrarlo. Sentiste el tirón de oración. Percibiste cosas que otros no percibían. Te despertaste a horas extrañas con cargas que no te pertenecían. Y ahora sabes qué es eso. No es una excentricidad de tu personalidad. No es sobrecarga espiritual. Es un llamado. Específicamente, es la unción *Shamar*, el antiguo llamado de guardián que Dios ha estado colocando sobre Su pueblo desde que le dijo a Adán que guardara y protegiera el jardín.

Eres más que una peticionaria. Siempre lo fuiste. Pero ahora tienes el lenguaje, la comprensión y las herramientas para funcionar en la plenitud de lo que Dios te diseñó para llevar. Eres una gobernadora espiritual. Una abogada legal para el Reino de Dios. Una centinela que se para entre el cielo y la tierra y se rehúsa a moverse hasta que las cosas cambien.

Eso no es algo pequeño para llevar. Y no es algo pequeño para entender.

Cada capítulo en este libro estaba construyendo hacia una realidad: que las personas que Dios colocó en tu esfera de influencia te necesitan en tu puesto. Te necesitan en el muro. No ocasionalmente. No cuando te sientas espiritualmente fuerte. Consistentemente. Diariamente. Con una mano construyendo y una mano peleando, de la manera que Nehemías construyó los muros de Jerusalén mientras el enemigo aún intentaba detenerlo. Esa imagen no es solo un relato histórico. Es una imagen de lo que tu vida como centinela *Shamar* se ve en el mundo real, en medio de tu horario actual, con tu familia actual, en tu iglesia actual, en tu ciudad actual.

No estás haciendo esto desde un monasterio. Lo estás haciendo desde tu mesa de cocina, tu auto, tu armario de oración, tu lugar de trabajo. Dondequiera que Dios te haya colocado es donde el muro se construye.

Piensa en lo que ahora llevas que no llevabas antes. Entiendes tu *metron*, el territorio específico donde tus oraciones llevan el mayor peso legal. Conoces el Mapa de Intercesión de Nehemías y puedes ubicar a cada persona en tu esfera en una puerta específica del cielo, lo que significa que puedes orar por ellos con precisión en lugar de solo orar con esperanza. Entiendes los tribunales del cielo y cómo presentar tu caso a través de la sangre de Jesús con evidencia, con bases de pacto, y con la autoridad legal de un miembro de la *ecclesia*. Conoces los tres espíritus que vendrán a ti en el muro y sabes cómo nombrarlos, resistirlos y mantener tu lugar cuando lo hagan. Sabes cómo construir la nube de gloria a través de las siete expresiones hebreas de alabanza. Sabes cómo guardar tu puerta de oído y lavar tu mente con la Palabra. Sabes cómo gobernar la atmósfera de tu hogar, tus reuniones y tu territorio asignado. Entiendes la gracia preveniente y la cobertura legal que tu pacto con Dios ya ha colocado sobre tu hogar. Y entiendes el peso de la Puerta Oriental, la urgencia de la hora, y la realidad de que el Rey regresa y las personas en tu esfera necesitan estar listas cuando lo haga.

Eso no es teoría. Eso es un conjunto de herramientas. Y un centinela con un conjunto de herramientas es una fuerza completamente diferente en el espíritu que un creyente que simplemente ora y espera.

Tu importancia en el cuerpo de Cristo no es negociable. El cuerpo de Cristo no funciona sin centinelas. Las familias no se mantienen protegidas sin alguien parado en la brecha. Las iglesias no se mantienen unidas sin una intercesora orando a través de las tensiones antes de que se conviertan en fracturas públicas. Las ciudades no cambian sin centinelas que entiendan la autoridad territorial y sepan cómo legislar la agenda del cielo sobre su región. Eres un pilar fundamental. La visión de Dios se mantiene firme contra las tormentas de esta era porque personas como tú se rehúsan a bajar del muro.

No dejes que el enemigo te convenza de lo contrario. Él lo intentará. Siempre lo hace. Enviará a Sanbalat a susurrar que has estado en esto demasiado tiempo y nada está cambiando. Enviará a Tobía para atacar tu carácter y hacer que las personas en tu esfera duden de quién eres. Enviará el espíritu asodita para nublar tu pensamiento sobre tu llamado hasta que no puedas recordar por qué comenzaste. Los tres espíritus tienen un objetivo: sacarte del muro. Nehemías nunca bajó. Y tampoco lo harás tú.

Entra en Tu Nueva Autoridad

Conocer no es lo mismo que hacer.

Puedes entender cada concepto en este libro a un nivel intelectual y aún estar parado en el mismo lugar donde estabas antes de comenzar a leer. El conocimiento sin acción es solo información. Y la información no construye muros. La fidelidad lo hace. La fidelidad consistente, diaria, poco glamurosa, que nadie la ve es lo que construye el muro. Es lo que empuja a las personas a través de las puertas del ciclo de Nehemías. Es lo que crea la nube de gloria. Es lo que cambia la atmósfera sobre una familia, una iglesia, una ciudad.

El momento de pasar de la teoría de la torre de vigilancia a la realidad del muro es ahora. No cuando te sientas más preparado. No cuando tus circunstancias sean más favorables. No después de que hayas orado sobre eso por algunas semanas más. Ahora. Porque las personas en tu *metron* están en sus puertas ahora mismo. Algunos están atrapados entre la Puerta del Valle y la Puerta del Muladar, sentados en medio de todo lo que Dios estaba intentando remover, incapaces de levantarse sin alguien parado en la brecha por ellos. Algunos están justo en el borde de la Puerta de las Aguas, en el umbral de su propósito divino, siendo detenidos por el miedo mientras un centinela que entendiera su asignación podría decretar ese miedo quebrantado en el nombre de Jesús y verlos caminar a través. Algunos aún no están salvados, siendo atraídos por la gracia preveniente que tu pacto con Dios ya ha activado sobre tu hogar, esperando la cita divina correcta que tus oraciones están ayudando a establecer.

Te necesitan en movimiento. No solo conocimiento.

Al aplicar los principios de oración legislativa en este libro, al mantener tu cobertura espiritual, al construir tu caso en los tribunales del cielo con escritura y bases de pacto y la sangre de Jesús, verás cambios. No siempre en tu cronograma. No siempre de la manera que esperabas. Pero la realidad espiritual es clara: la oración eficaz del justo logra mucho. La palabra eficaz es la clave. La oración eficaz es una oración dirigida. Sabe hacia qué empuja y empuja. Y ahora sabes cómo apuntar.

Tu familia puede ser salvada. Tu ciudad puede cambiar. Tu propia paz puede ser restaurada a una profundidad que no has experimentado antes, la paz que viene no de tener todo resuelto sino de saber que estás en tu lugar, haciendo lo que fuiste diseñado para hacer, parado en la brecha por las personas que Dios específicamente asignó a tu cuidado. Esa paz está disponible para ti. Pero solo viene al centinela que realmente está en el muro, no al que aún está decidiendo si escalarlo.

El resultado de tu vida y las vidas de los que amas depende de tu disposición a permanecer en el muro y rehusarte a negociar con los espíritus del desánimo y la confusión. Eso no es presión destinada a cargarte. Es la verdad destinada a anclarte. Importas en el reino espiritual de maneras que aún no puedes ver completamente. El muro que estás construyendo a través de tus oraciones es real. Las puertas que estás empujando a las personas a través de son reales. Los decretos que estás emitiendo en los tribunales del cielo son legalmente vinculantes. Y el enemigo lo sabe. Por eso trabaja tan duro para sacarte de tu puesto. Un centinela que conoce su autoridad y la usa consistentemente es una de las fuerzas más peligrosas en el reino de Dios.

Sé esa fuerza.

Tu Esquema Paso a Paso para el Muro

Todo lo que necesitas para vivir la unción *Shamar* ya está en tus manos. Lo que sigue es un esquema claro, específico y ordenado para unirlo todo en una práctica diaria y semanal que realmente funciona en el mundo real.

Comienza definiendo tu *metron* claramente. Si aún no has hecho el ejercicio del Capítulo 5, hazlo hoy. Dibuja tus tres círculos en una hoja de papel en blanco. En el círculo más interior, escribe los nombres de las personas en tu hogar. En el círculo del medio, escribe los nombres de tu comunidad eclesiástica cercana, tus relaciones espirituales, las personas con las que tienes contacto significativo consistente. En el círculo exterior, escribe tu ciudad o región. Ese mapa es tu territorio asignado. Esas son las personas por las que tus oraciones llevan el mayor peso legal. Mira ese mapa cada día. Ora sobre cada nombre en él. Ese es tu puesto. No lo abandonas.

Una vez que tu *metron* está claro, ubica a las personas en él en el Mapa de Intercesión de Nehemías. Repasa cada nombre en tu círculo interior e identifica honestamente en qué puerta están actualmente. ¿Están en la Puerta de las Ovejas, aún no salvados, necesitando la gracia de Dios para atraerlos y cada espíritu de ceguera ser quebrantado de su mente? ¿Están atrapados en la Puerta del Valle o la Puerta del Muladar, dando vueltas por la misma montaña, incapaces de soltar lo que el valle estaba supuesto remover? ¿Están listos para la Puerta de la Fuente, necesitando un nuevo llenado del Espíritu Santo y una nueva visión para su próxima estación? ¿Están en la Puerta de las Aguas, parados en el umbral de su propósito divino, necesitando que alguien decrete que el miedo y la confusión sean quebrantados de su asignación? Ubícalos. Escríbelo. Ese es tu objetivo de oración. Eso es hacia dónde apuntas.

Luego establece tu práctica diaria de las siete alabanzas hebreas. No todas las siete cada día en una sola sesión. Pero en el transcurso de tu semana, las siete deberían aparecer en algún lugar de tu vida de adoración. Comienza tus tiempos de oración con *Barak*, arrodillándote físicamente y trayendo tu cuerpo a sumisión ante Dios. Levanta tus manos en *Yada* y confiesa Su soberanía sobre todo en tu esfera. Que *Shabach* sea tu grito semanal de testimonio sobre las personas específicas en tu *metron*. Practica *Halal* con el tipo de celebración desinhibida que quiebra el espíritu de pesadez de tu vida y tu hogar. Usa *Zamar* para cultivar el espíritu de profecía a través de adoración musical intencional, luego siéntate en silencio después y escucha lo que Dios quiere decir sobre tu territorio asignado. Que *Tehillah* sea la canción espontánea que crea un lugar de habitación para la presencia de Dios en tu vida. Y teje *Todah* a través de tus oraciones diarias como acción de gracias consistente por quién es Dios y lo que ya está haciendo en las personas por las que estás parado en la brecha. Estas siete expresiones no son solo herramientas de adoración. Son herramientas de construcción de nubes. Cada vez que las usas, estás agregando a la nube de gloria que se forma alrededor de tu vida y gobierna la atmósfera de cada espacio que estás asignado a proteger.

Muévete hacia la intercesión legislativa cada día. No oración de petición. Decreto. Construye tu caso desde la Palabra de Dios. Ven ante los tribunales del cielo a través de la sangre de Jesús. Encuentra la escritura específica que habla a la situación específica que estás trayendo ante Dios. Escribe tu decreto formal en tiempo presente. Hablalo en voz alta. Sostenlo. No ores por ello una vez y luego vuelvas a preocuparte. Un decreto que ha sido emitido necesita ser mantenido. Vuelve a él diariamente. Hablalo de nuevo. Recuérdate a ti mismo y al reino espiritual lo que ha sido establecido legalmente. El muro se construye puerta a puerta, oración por oración, decreto por decreto. Sigue construyendo.

Guarda tu puerta de oído con la misma intencionalidad que traes a tu intercesión. Lo que permites a través de esa puerta da forma a lo que crees, cómo oras y cuán efectivamente estás parado en la brecha. Identifica un pensamiento recurrente que el enemigo ha estado usando como un misil contra tu llamado y encuentra la escritura específica que lo contradice directamente. Habla esa escritura en voz alta cada vez que el pensamiento llegue. No luches el pensamiento con más pensamientos. Pronuncia la verdad. Envía verdad a través de la misma puerta por la que la mentira intentó entrar. Haz esto hasta que la frecuencia e intensidad de ese pensamiento disminuya. Lo hará. La Palabra no falla.

Permanece alineado con tu cobertura espiritual. Ora por ellos específica y consistentemente. Somete tu asignación a ellos. Recibe su impartición con un corazón abierto en lugar de uno crítico. Que su gracia se extienda para cubrir tus batallas. No vayas donde no has sido enviado. No te involucres en guerra espiritual de alto nivel en territorios donde no tienes asignación y no tienes cobertura. Sé invitado o sé enviado. Esas tres palabras te protegerán de más repercusión espiritual que casi cualquier otra cosa en este libro. El embajador que se mueve con el respaldo del gobierno que representa es una fuerza completamente diferente que el rebelde que se mueve por su propia iniciativa. Sé el embajador.

Barre tu hogar regularmente. Unge tus puertas. Declara cada cuarto una zona de la nube de gloria. Practica la oración del umbral cada vez que llegues a casa, sacudiendo todo lo que recogiste en los ambientes que atravesaste durante el día. Mantén la atmósfera de tu hogar santuario limpia y gobernada. Tus hijos viven en esa atmósfera cada día. Tu matrimonio la respira. Tu propia claridad espiritual depende de ella. Un centinela que gobierna su hogar bien es un centinela que se presenta a la oración con un ambiente limpio para trabajar.

Mantén la Puerta Oriental en tu espíritu cada mañana. Antes de que ores cualquier otra cosa, hablalo en voz alta. "Señor, estoy en mi puesto hoy con la conciencia de que regresarás. Oro con la urgencia de una centinela que sabe que el tiempo es corto. Que mi intercesión hoy empuje a las personas que me has dado hacia preparación para tu regreso. Estoy en el muro. No me estoy moviendo." Treinta segundos. Cada mañana. Reposiciona todo lo que sigue. Ancla tu vida de oración en el propósito final del llamado

Shamar y te evita alejarte de una rutina que ha perdido su urgencia.

Y cuando los tres espíritus vengan a ti, porque lo harán, nómbralos. No dejes que Sanbalat te haga creer que tus oraciones no están haciendo nada. No dejes que Tobía te haga más preocupado por tu reputación que por tu asignación. No dejes que el espíritu asodita nuble tu pensamiento sobre quién eres y qué Dios te llamó a hacer. Nombra el espíritu. Habla el decreto de guerra. Permanece en el muro. Sigue construyendo. El muro casi está completo. El enemigo intensifica la presión justo antes del avance porque sabe que está llegando. Cuando el ataque se vuelve más fuerte, no lo interpretes como una señal de que nada está sucediendo. Interprétalo como una señal de que algo está a punto de suceder.

La unción *Shamar* sobre tu familia y tu ciudad se construye en las decisiones diarias. La decisión de levantarte y orar cuando no tienes ganas. La decisión de emitir un decreto en lugar de hundirte en la ansiedad. La decisión de gobernar tu atmósfera en lugar de ser gobernado por ella. La decisión de permanecer bajo tu cobertura en lugar de ir solo con tu celo. La decisión de construir la nube de gloria a través de la adoración en lugar de dejar que la sequedad gane. La decisión de permanecer en el muro cuando Sanbalat, Tobía y los asoditas están todos hablando a la vez.

Cada una de esas decisiones es una piedra en el muro. Cada una importa. Cada una está siendo registrada en los libros del cielo. Y un día, cuando te pares en la Puerta de Inspección y des tu cuenta, la pregunta será la misma que Dios le hizo a Adán en el jardín: ¿dónde estás? No en términos de geografía. En términos de asignación. ¿Estabas en tu puesto? ¿Te quedaste? ¿Guardaste lo que te di? ¿Cuidaste lo que coloqué a tu cargo?

La respuesta que des ese día se está escribiendo en este momento. Una oración a la vez. Un decreto a la vez. Una puerta a la vez. Una persona a la vez.

Permanece en el muro.

El Legado del Guardián

Activación y Reflexión

---

1. ¿Qué ha cambiado más profundamente en tu comprensión de la intercesión y el llamado de centinela desde que comenzaste este viaje?

____

____

____

____

2. ¿Qué legado quieres dejar como intercesora? ¿Quién llevará la antorcha porque fuiste fiel en tu puesto?

____

____

____

____

3. ¿Cuál es una verdad de este libro que ha alterado permanentemente la manera en que orarás de ahora en adelante?

____

____

____

____

4. ¿Quiénes son los centinelas de próxima generación en tu vida de los que eres responsable de entrenar, cubrir y liberar?

____

____

____

____

5. Escribe un pacto personal entre tú y Dios — un compromiso formal de tomar tu lugar en el muro y no bajar hasta que se complete la asignación.

____

____

____

____

El Legado del Guardián

La Oración de Pacto de la Centinela

Señor Dios, hago pacto contigo hoy para ser una guardiana fiel en el muro por el resto de mis días. No seré movida por el desánimo, silenciada por la difamación o confundida por las tácticas del enemigo. Planto mis pies y declaro: Vigilaré. Oraré. Decretaré. No bajaré de mi puesto hasta que me liberes o me llames a casa. El legado que dejo será uno de fidelidad, fuego y fruto. Úsame, Señor, como un altar viviente. La centinela está en el muro. En el nombre de Jesús, Amén.

SOBRE EL AUTOR

Johnathan Stidham Ministries es apasionado por ayudar a las personas a crecer en su fe y profundizar su relación con Dios. La misión es equipar a los creyentes con las herramientas, la sabiduría y la guía que necesitan para vivir vidas llenas del Espíritu y con propósito.

Sobre el Dr. Johnathan Stidham

Dr. Johnathan L. Stidham es esposo, padre, autor y un hombre llamado por Dios para levantar regiones para que experimenten la presencia y la gloria manifestada de Dios.

El Dr. Stidham aceptó el llamado al ministerio a los 16 años, lleno de un ardiente deseo de que el cuerpo de Cristo experimentara milagros, señales y maravillas como la iglesia primitiva. Conocido por su precisión profética dentro del cuerpo de Cristo y en esferas gubernamentales, ha plantado numerosas iglesias y es el fundador y supervisor de un ministerio global, **Johnathan Stidham Ministries.**

El Dr. Stidham viaja local, nacional e internacionalmente para entrenar y equipar líderes, mientras mantiene una congregación próspera en su iglesia local, **Christ Embassy** en Nicholasville, Kentucky.

También es un veterano condecorado, habiendo servido dos giras en Irak y Afganistán. Su corazón late por los perdidos y por quienes sufren enfermedades e infirmidades, creyendo en la restauración y el poder transformador de una nueva vida en Cristo Jesús.

Johnathan y su esposa, Tonya, son miembros respetados de su comunidad en Nicholasville, Kentucky, donde residen con sus tres hermosos hijos.

Our Mission

To empower believers to hear God's voice, understand His Word, and walk in His divine purpose for their lives.

Our Vision

We envision a world where every believer experiences the transformative power of God's presence, guided daily by His voice and equipped to fulfill their unique calling.

What We Do

Through teaching, discipleship, and outreach, we aim to:

- Provide practical resources that strengthen your faith journey.

- Host faith-based events and gatherings for spiritual growth and community.
- Share the love of Christ through local and global outreach programs.

Stay Connected

- **Website:** www.jsglobal.org
- **Social Media:** linktr.ee/DrJohnathan

Thank you for joining us on this journey to hear God's voice and transform your life. We look forward to walking alongside you as you grow in faith and purpose.

Blessings,

Dr. Johnathan Stidham and the Christ Embassy Team

www.ingramcontent.com/pod-product-compliance
Lightning Source LLC
LaVergne TN
LVHW020707110826
845149LV00012B/2151

* 9 7 9 8 9 9 5 7 7 5 3 1 7 *